Dieses Buch gehört

Vorwort	9
Eintragseiten für eigene Rezepte	113–121

Rezepte

Frühling

Rhabarbersaft im Glas	12
Rhabarbersauce	13
Rhabargelee mit Orangen	14
Rhabarberkompott mit Erdbeeren	16
Frische Konfitüre aus Erdbeeren	17
Feiner Likör aus Erdbeeren	18
Fruchtmark aus Erdbeeren	19
Erdbeergelee mit Holunderblüten	20
Erdbeer-Joghurt-Eis	21
Holunderblütensekt	22
Holunderblütensirup	23
Veilchenkonfitüre	24
Löwenzahnlikör	25
Kräutertee	27
Spargelaperitif	28
Suppenspargel und Spargelpüree	29
Püree für Pesto und Grüne Sauce	30
Varianten von Kräutersaucen	31
Kräuterbutter	32
Variationen von gewürzter Butter	33

Sommer

Himbeersirup	36
Russische Warenje	37
Himbeeressig	38
Brombeerkompott	40
Cumberlandsauce	41
Roter Stachelbeersaft	42
Stachelbeerkonfitüre mit Aprikosen	43
Heidelbeerlikör	44
Heidelbeerkonfitüre	45
Rote Grütze	47
Rosensirup	48
Kirschlikör	49
Kompott aus süßen Kirschen	50
Gewürzkirschen	51
Reneklodenkonfitüre	53
Pflaumenmus	54
Pflaumen in Weißwein	56
Nuss-Essenz	57
Grüne Walnüsse	58
Walnusslikör	59

Herbst

Kastanien trocken und süß	62
Rote-Bete-Salat	63
Tomaten im eigenen Saft	64
Tomatenketchup	65

Zucchinimarmelade	66
Orangenkürbis	67
Kürbissenf	69
Kürbiskonfitüre	70
Zwetschgen für Kuchen	71
Gewürzbirnen	72
Birnenmus	73
Quittenkonfitüre	74
Möhrenkonfitüre	76
Holunderbeeren in Apfelsaft	77
Pikante Holunderbeeren	78
Apfelgelee	79
Apfellikör	80
Apfel in Calvados	81
Apfelkompott	82
Apfelbutter	83

Winter

Äpfel trocknen	86
Apfelschmalz	87
Orangenmarmelade	88
Orangen-Kumquat-Chutney	89
Rotes Gelee aus Orangen	90
Orangensauce	91
Camparisorbet	93
Tee- und Grog-Essenz	94
Geleekonfekt	95
Früchtekonfekt	96
Aprikosenkonfekt	97
Datteln mit Marzipan	98
Ingwerwürfel	100
Krokant	101
Hagebuttenmus	102
Hagebuttensaft	103
Schlehenmarmelade	104
Schlehenfeuer	105

Wissenswertes

Rhabarber	15
Himbeere	39
Pflaumen	52
Dörrzwetschgen	55
Quitten	75
Marzipan	99
Die Früchte der Natur haltbar machen	107–112
Alphabetisches Rezeptregister	122
Rezeptverzeichnis nach Früchten	123
Impressum	124

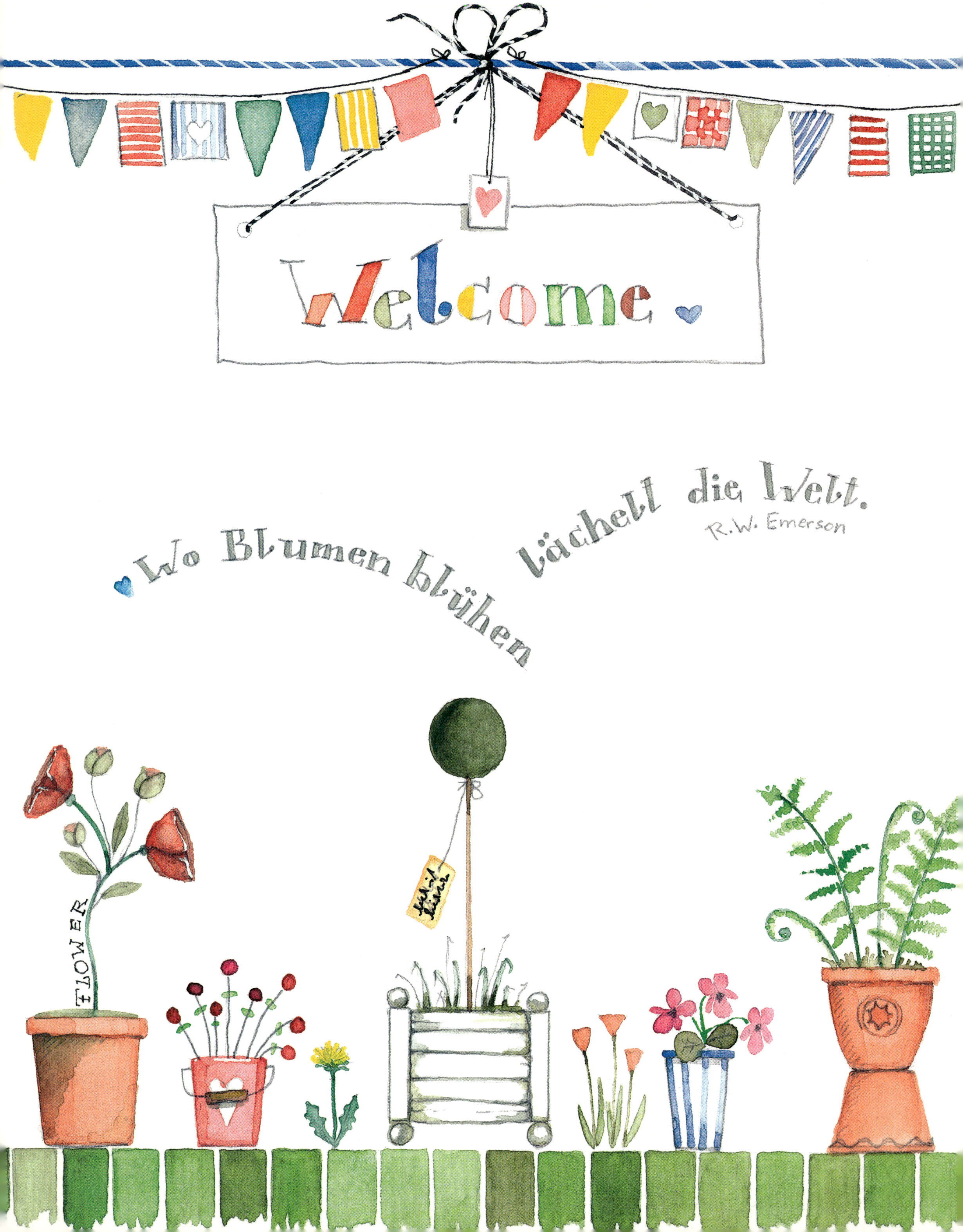

Welcome

Wo Blumen blühen lächelt die Welt.
R.W. Emerson

Liebe Leserin, lieber Leser,

in meinem neuen Buch präsentiere ich Ihnen einen Reigen köstlicher und verführerischer Rezepte zum Haltbarmachen von Früchten aus Garten, Feld, Wald und Wiese. Kommen Sie mit mir in meine Küche und meinen Garten.

Ich lebe auf einem ehemaligen Bauernhof, in einem zum Wohnhaus umgebauten Stall, mit einem großen Garten, umgeben von Rosen, Lavendel, Salbei, Löwenzahn und Gänseblümchen. Bei schönem Wetter und Sonnenschein ist dies mein liebster Arbeitsplatz.

Mit meinen Illustrationen möchte ich Sie daran teilhaben lassen.

Ich wünsche Ihnen viel Freude mit diesem Buch.

Ihre

Reglindis Rohringer

Heiterkeit des Herzens schließt wie der **Frühling** aller Blüten des Inneren auf.

Jean Paul

Rhabarbersaft im Glas

Zutaten

1 unbehandelte Zitrone
600 g Zucker
2 kg Rhabarber
1 Stange Vanille

Schwierigkeitsgrad
einfach

Einkochzeit
45 Minuten bei 98 °C

Hilfsmittel
4 Einkochgläser à 750 ml

Ergibt
etwa 3 l

Haltbarkeit
12 Monate bei 1–20 °C

Als Schorle unschlagbar. Sie können aber auch Gelee daraus machen: Dafür 8 Blatt Gelatine kalt in Wasser einweichen, auflösen und den Saft nach und nach einrühren. Zum Verfeinern können Sie noch 250 g gefrorene Himbeeren oder Erdbeeren hineingeben – sie tauen auf, während das Gelee fest wird. Schmeckt besonders lecker mit Vanillesauce.

1. 2 l Wasser, Zitronenschale und Zucker aufkochen. Abkühlen lassen, mit dem Saft der Zitrone mischen.

2. Rhabarber bündeln und in 2 mm dünne Scheiben schneiden. Mit kochendem Wasser bedecken, nach 5 Minuten abgießen und abtropfen lassen. Vanille in 4 Stücke schneiden und mit dem Rhabarber in die Gläser geben.

3. Die Zucker-Zitronenlösung kalt hineinfüllen. Die Gläser verschließen, einkochen und 8 Wochen ruhen lassen. Den Saft zum Trinken im Sieb abtropfen lassen.

Rhabarbersauce

Rhabarbersauce passt immer da, wo auch Kompott passt. Sie ist auch lecker zu gekochtem Aal mit Salzkartoffeln und brauner Butter und verbessert die Bekömmlichkeit von fetten Speisen.

Zutaten
5 kg Rhabarber
1 kg Zucker
1 Päckchen Gelierwunder

 Schwierigkeitsgrad
einfach

 Einkochzeit
keine

 Hilfsmittel
10 Flaschen mit Schraubdeckelverschluss à 500 ml

 Ergibt
etwa 5 l

 Haltbarkeit
12 Monate bei 1–18 °C

1 Rhabarber bündeln, in 3 mm dünne Scheiben schneiden, in einem weiten Topf mit Zucker und Gelierwunder mischen. Zugedeckt über schwacher Hitze Saft ziehen lassen und zum Kochen bringen.

2 Die Sauce offen 10 Minuten kochen, dabei umrühren. Abschmecken, kochend heiß und randvoll in Flaschen füllen und verschließen. Mit dem Boden nach oben in einem Kasten abkühlen lassen.

Rhabarbergelee mit Orangen

Zutaten
1,5 kg Rhabarber
3 unbehandelte Orangen (600 g)
etwa 1,25 kg Gelierzucker 1+1

Ein wunderbares Dessert mit Vanillesauce, als Brotaufstrich fürs Sonntagsfrühstück oder auch sehr lecker als fruchtige Zugabe für Quark und Joghurt.

 Schwierigkeitsgrad
einfach

 Einkochzeit
keine

 Hilfsmittel
5 Twist-Off-Gläser zu je 200 ml

 Ergibt
etwa 1 l

 Haltbarkeit
12 Monate bei 1–18 °C

1. Rhabarber in 3 cm lange Stücke schneiden. Die Orangen so dünn schälen, dass die Schalen durchsichtig sind. Rhabarber und Orangenschalen mit 500 ml Wasser aufsetzen und 5 Minuten kochen. Beiseitestellen.

2. Nach 15 Minuten die Fruchtmasse in ein Tuch schütten und den Saft darunter auffangen. Die Reste auswringen, wenn sie nur noch lauwarm sind.

3. Die weiße Schale der Orangen abschälen, das Fleisch aus den Zwischenhäuten schneiden und beiseitelegen. Die Rückstände auspressen.

4. Beide Säfte mischen und abwiegen. In einem weiten Topf mit dem gleichen Gewicht Gelierzucker 3 Minuten kochen. Das Fruchtfleisch der Orangen hinzufügen, alles noch 2 Minuten aufwallen lassen. Die Gelierprobe machen und das Gelee abfüllen, sobald sich der Schaum gelegt hat.

Rhabarber

Die Obstsaison beginnt mit einem Gemüse

Zunächst einmal – der Rhabarber ist eigentlich gar kein Obst, sondern ein Stielgemüse, weil er botanisch eine Staude ist und weil man ja nicht die Früchte, sondern die Stängel isst.

Der erste gewerbsmäßige Anbau in Deutschland erfolgte 1848 in Hamburg-Kirchwerder und breitete sich von Norden nach Süden aus.

Rhabarber enthält sehr viel Oxalsäure (die beim Essen den Mund zusammenzieht). Die Oxalsäure greift nicht nur den Zahnschmelz an, sondern sie verbindet sich im Organismus auch mit dem Kalzium aus der Nahrung oder aus dem Blut. Dies ist der Grund, dass beim Verzehr von Rhabarber, besonders zusammen mit Milchprodukten, unsere Zähne „stumpf" werden – es haftet darauf. Deshalb soll Rhabarber immer nur in mäßigen Mengen und auch zur Saison nicht täglich gegessen werden. Menschen mit Neigung zu Rheuma, Arthritis, Gicht und Nierensteinen sollten ganz auf ihn verzichten.

Die Menge an Oxalsäure wird etwas verringert, wenn der Rhabarber gleich nach dem Schälen und Kleinschneiden kurz in kochendes Wasser getaucht (blanchiert) wird.

Um den Kalziumverlust auszugleichen und die Säure etwas abzumildern, sollte Rhabarber immer mit milchhaltigen Speisen kombiniert werden, zum Beispiel mit Flammeri, Pudding, Vanillesoße oder Milchreis.

Um den sauren Geschmack abzuschwächen, geben die meisten reichlich Zucker an den Rhabarber. Alternativ kann man auch Fruchtsaft zugeben.

Auch mit den richtigen Gewürzen wird die Säure etwas gemildert: Orangenschalen, Rosenwasser, Ingwer und Zimt sind hier eine gute Wahl.

Rhabarberkompott mit Erdbeeren

Zutaten

2 kg Rhabarber

500 g Erdbeeren

1 unbehandelte Zitrone

300 g Zucker

Dieses Kompott passt zu Pfannkuchen, Grießpudding, Dampfnudeln, gebackenen Grieß- und Brotschnitten sowie zu Klößen. Aber es schmeckt auch wunderbar mit Vanillesauce als Dessert oder als Obstbeilage zu Schokoladeneis.

 Schwierigkeitsgrad
einfach

 Einkochzeit
30 Minuten bei 80 °C

 Hilfsmittel
4 Einkochgläser zu
zu je 750 ml

 Ergibt
etwa 3 l

 Haltbarkeit
2 Monate bei 1–20 °C

1 Den Rhabarber bündeln und in 1 cm lange Stücke schneiden. Die Erdbeeren entkelchen und pürieren. Zitronenschale fein abreiben, den Saft auspressen. Alles mit Zucker mischen.

2 Die Masse roh in Gläser füllen. Verschließen, in warmem Wasser aufsetzen, über Mittelhitze zum Kochen bringen und einkochen.

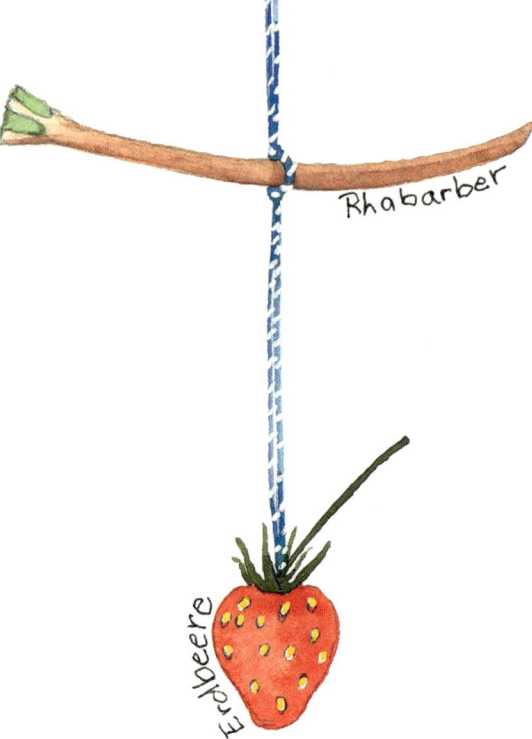

Frische Konfitüre aus Erdbeeren

Sie können diese ungekochte Konfitüre auch mit weniger Zucker zubereiten. Verwenden Sie dann Gelierzucker 3+1 für kalt gerührte Konfitüren. In den Kühlschrank stellen und in wenigen Tagen verbrauchen. Eingefroren kann die frische Konfitüre 12 Monate gelagert werden.

1 Die Erdbeeren in einer Schüssel mit kaltem Wasser abspülen, entkelchen und auf einem Tuch trocken rollen. Im Wechsel mit dem Zucker in den laufenden Mixer geben und zu Püree zerkleinern. Nach 10 Minuten erneut mixen, bis der Zucker aufgelöst ist.

2 Die Konfitüre in sterile Gläser füllen. Weinbrand in die Deckel geben und anzünden. Die Deckel sofort auf die Gläser schrauben.

Zutaten

500 g vollreife Erdbeeren

500 g Gelierzucker 1+1

5 TL Weinbrand

Schwierigkeitsgrad
sehr einfach

Einkochzeit
keine

Hilfsmittel
Mixer
5 Twist-Off-Gläser zu je 150 ml

Ergibt
etwa 750 ml

Haltbarkeit
4 Monate bei 7–10 °C

Feiner Likör aus Erdbeeren

Zutaten

750 g Erdbeeren
250 g rote Johannisbeeren
1 rote scharfe Pfefferschote
½ Stange Zimt
500 g weißer Kandiszucker
700 ml Weinbrand
700 ml Kirschwasser

 Schwierigkeitsgrad
sehr einfach

 Reifezeit
13 Monate

 Hilfsmittel
7 Flaschen zu je 350 ml

 Ergibt
etwa 2,5 l

 Haltbarkeit
5 Monate bei 10–18 °C

Mit Sekt oder Riesling auffüllen und als erfrischenden Drink kredenzen. Als Zutat für verschiedene Cocktails und Longdrinks, aber auch pur und zu Eis eine fruchtige Köstlichkeit.

1 Die Beeren nur waschen, wenn sie sandig sind. Die Erdbeerkelche herausdrehen und die Johannisbeeren mit einer Gabel von den Stielen streifen. Früchte, Pfefferschote, Zimt und Kandiszucker in einen Glaskrug schichten. Zudecken und kühlen.

2 Am nächsten Tag Weinbrand und Kirschwasser über die Früchte gießen, den Krug fest verschließen und 12 Monate an einen sonnigen Platz stellen. Nachts in den Kühlschrank umquartieren, damit der Inhalt nicht zu warm wird und zu gären beginnt.

3 Das Safttuch in kochendes Wasser legen, auswringen und in ein Sieb legen. Den Krug darüber entleeren und den Likör auffangen.

4 In Flaschen füllen und verschließen. Den Likör dunkel aufbewahren und 4 Wochen reifen lassen.

Fruchtmark aus Erdbeeren

Das Fruchtmark mit Zutaten wie Orangensaft, Madeira, weißem Portwein, rotem Fruchtsaft oder Frischkäse verrühren. Die Sauce mit einer Paste aus roten Pfefferschoten schärfen und zu Desserts servieren, zum Beispiel zu Grießflammeri, weißer Schokoladencreme, Milchreis und Vanille-Eiscreme oder Vanillepudding. Als Zutat für Joghurt und Milchshakes. Zum Auffüllen mit Wein oder Sekt. Als Erdbeercreme für Torten 750 ml steif geschlagene Sahne mit 250 g eiskaltem Fruchtmark mischen.

1. Die Erdbeeren kurz in kaltem Wasser schwenken, auf einem Tuch ausbreiten und trocken rollen. Die Kelche abdrehen.

2. Die Früchte fein hacken, in den Mixer geben oder mit einem Schneidstab pürieren. Mit Zucker mischen und abschmecken.

3. Das Mark zum Einfrieren in die TK-Dosen füllen, verschließen und im Gefriergerät verstauen. Bei Bedarf das Fruchtmark in den Kühlschrank stellen und einige Stunden auftauen lassen oder gefroren in einen Mixer geben und mit anderen Zutaten verarbeiten.

4. Zum Einkochen in die Gläser füllen und verschließen. Mit kaltem Wasser aufsetzen, über Mittelhitze heiß werden lassen und einkochen.

Zutaten

- 1 kg Erdbeeren
- 50 g Gelierzucker 1+2
- 100 g Zucker

Schwierigkeitsgrad
einfach

Einkochzeit
20 Minuten bei 80 °C

Hilfsmittel
4 Einkochgläser zu je 250 ml oder
4 TK-Gefäße zu je 250 ml

Ergibt
etwa 1 l

Haltbarkeit
12 Monate bei 1–20 °C
TK: 12 Monate bei −18 °C

Erdbeergelee mit Holunderblüten

Zutaten

1 kg kleine Erdbeeren
1 unbehandelte Zitrone
10 Holunderblütendolden
20 g Gelierpulver 1+1
10 g Zitronensäure Citropekt
1 kg Zucker

Schwierigkeitsgrad
einfach

Einkochzeit
20 Minuten bei 80 °C

Hilfsmittel
6 Twist-Off-Gläser zu je 250 ml

Ergibt
etwa 1,5 l

Haltbarkeit
12 Monate bei 1–18 °C

Ein herrlicher Brotaufstrich, lecker auch zu kleinen, dünnen Pfannkuchen, auf Waffeln oder mit Quark.

1 Die Erdbeeren kalt abspülen und die Blätterkränze abdrehen. In einer Obstpresse ausdrücken oder durch den Entsafter treiben. Mit dem Saft der Zitrone in ein Sieb geben und ablaufen lassen.

2 Die Holunderblüten waschen, von den Stielen streifen, in ein Mulltuch binden und in den Saft legen.

3 Gelierpulver und 2 EL Zucker in einem weiten Topf mischen. Saft samt Mulltuch beifügen. Über Mittelhitze rühren, zum Kochen bringen, 1 Minute sprudeln lassen.

4 Das Mulltuch ausdrücken und entfernen. Zucker und Zitronensäure hineinrühren, 3 Minuten sprudelnd kochen lassen. Nachdem der Schaum sich gelegt hat, das Gelee in die Gläser geben. Zuschrauben, auf die Deckel stellen und abkühlen lassen.

Erdbeer-Joghurt-Eis

Wenn Sie gerne Eis essen, lohnt sich die Anschaffung einer Eismaschine, die es schon ab 50 € gibt. Aber es geht auch ohne! Sie müssen die Eismasse dann aber ungefähr alle Stunde aus dem Gefrierfach nehmen, sie in eine Schüssel umfüllen und mit einem Mixer oder in der Küchenmaschine rühren. Das ist wichtig, damit die Eiskristalle nicht zu groß werden, was den Geschmack beeinträchtigen würde.

Zutaten
750 g Erdbeeren
4 El Puderzucker
2 El Zitronensaft
2 Pck. Vanillezucker
300 g Sahnejoghurt
Joghurt zum Garnieren

1. Die Erdbeeren waschen, putzen, klein schneiden und mit Puderzucker, Zitronensaft und Vanillezucker pürieren. 150 g Püree abnehmen und kalt stellen.

2. In der Zwischenzeit den Joghurt in einem mit Küchenpapier ausgelegten Sieb abtropfen lassen.

3. Den Joghurt etwas ausdrücken und unter das restliche Püree mixen.

4. Die Masse in die Gefriermaschine geben und nach Herstellerangaben weiter verfahren. Oder eine gefriergeeignete Form (ca. 750 ml Inhalt) mit Klarsichtfolie auslegen, die Joghurt-Erdbeer-Masse einfüllen und einfrieren. Das Eis ab und zu aus dem Gefrierfach nehmen und umrühren.

5. Das Eis ca. 20 Minuten vor dem Anrichten aus dem Gefriergerät nehmen, mit dem restlichen Püree und etwas Joghurt dekorieren und mit einer frischen Eiswaffel servieren.

Schwierigkeitsgrad
einfach

Zubereitungszeit
20 Minuten

Hilfsmittel
evtl. Eismaschine

Ergibt
etwa 6 Portionen

Haltbarkeit
abhängig vom Gefrierfach

icecream · gelato

Holunderblütensekt

Zutaten
14 Blütendolden vom Holunder
2 unbehandelte Zitronen
250 ml Apfelsaft
1 kg Zucker

Eiskalt serviert, ist dies ein wunderbares Begrüßungsgetränk für festliche Anlässe und kleine Gartenpartys. Auch lecker als Auffüllsekt für Erdbeerbowle.

Schwierigkeitsgrad
sehr einfach

Reifezeit
4 Wochen

Hilfsmittel
10 Flaschen zu je 700 ml

Ergibt
etwa 7 l

Haltbarkeit
6 Monate bei 10–14 °C

1 Blütendolden in ein 8-l-Gefäß geben, dazu kommen Zitronen in Scheiben, Apfelsaft und Zucker.

2 7 l Wasser aufkochen, abkühlen lassen und kalt hinzufügen. Das Gefäß an die Sonne stellen, täglich umrühren und nach 4 Tagen durch ein Tuch filtern.

3 Den Saft in sterile Flaschen füllen, mit Schraubdeckeln verschließen und in einem kühlen Raum auf Zeitungspapier stellen, da beim Gären Schaum überlaufen kann. Regelmäßig kontrollieren.

4 Nach etwa 4 Wochen ist die Gärung abgeschlossen. Die Flaschen dann mit essiggetränktem Tuch reinigen und auf frisches Papier stellen. Vor dem Servieren gut kühlen.

Holunderblütensirup

1. Die Holunderblütendolden mit dem Wasser und dem Zitronen- und Orangensaft vermischen. 2 Tage zugedeckt im Kühlschrank ziehen lassen.

2. Dann durch ein Tuch oder einen Filter abgießen, mit dem Zucker aufkochen. Die Ascorbinsäure unterrühren. Den Saft in Flaschen abfüllen und im Kühlschrank aufbewahren.

Zutaten:

20–30 Holunderblütendolden

2,5 l Wasser

Saft von je 1 Orange und 1 Zitrone

1 kg Zucker

40 g Ascorbinsäure aus der Apotheke

 Schwierigkeitsgrad
sehr einfach

 Reifezeit
2 Tage

 Hilfsmittel
3 Flaschen à 750 ml

 Ergibt
etwa 2 l

 Haltbarkeit
12 Monate bei 1–10 °C

Veilchen-Konfitüre ♥

Zutaten: 200 g Veilchenblüten, 200 g Äpfel, 600 g Gelierzucker
······→ 2 Einmachgläser à 0,5 l 💜

Zubereitung: Die Veilchenblütenblätter vorsichtig in einer Schüssel mit Wasser waschen, in Streifen schneiden und mit 200 ml Wasser überbrühen.
Die Äpfel schälen, vierteln, entkernen und blättrig schneiden.
Die Veilchenblüten zusammen mit dem Wasser, den Apfelblättchen und dem Gelierzucker gut vermischen.
Die Masse zum Kochen bringen und 5 Minuten sprudelnd kochen lassen.
Die Konfitüre sofort in die Gläser füllen und auf dem Deckel stehend abkühlen lassen.

🌹 Für **Rosenkonfitüre** nehmen Sie statt der Veilchenblüten die entsprechende Menge ungespritzter Rosenblütenblätter. ♥

1. viola odorata
2. viola daninia
3. viola montana
4. viola tridolor — kiss-me-at-the-garden-gate
5. viola viviniana

Löwenzahnlikör

Eine bessere Verwendung von Löwenzahn ist kaum denkbar.

1. Von den Löwenzahnblüten nur die gelben Blütenblätter abzupfen, die grünen Blätter würden den Likör bitter machen.

2. Die Blütenblätter mit dem Kandiszucker in eine Flasche füllen. Mit Wodka oder Doppelkorn auffüllen.

3. Die Flasche verschließen und den Likör an einem dunklen, mäßig warmen Ort 2 bis 4 Wochen reifen lassen.

4. Danach wird der Likör in eine (oder mehrere) neue Flasche(n) gefiltert und gut verschlossen.

Zutaten
40 Löwenzahnblüten
150 g weißer Kandis
0,7 l Wodka oder Doppelkorn

 Schwierigkeitsgrad
sehr einfach

 Reifezeit
2–4 Wochen

 Hilfsmittel
1 Flasche à 1 l

 Ergibt
etwa 1 l

 Haltbarkeit
12 Monate bei 1–20 °C

taraxacum officinale

Kräutertee

Mögliche Zutaten

Echter Beifuß
  (Triebe und Blätter)
Breitwegerich
  (Blätter)
Brennnessel
  (Triebe und Blätter)
Frauenmantel
  (blühende Pflanze und Blätter)
Gundermann (ganze Pflanze)
Huflattich
  (Blüten und Blätter)
Löwenzahn
  (Blätter, Blüten und Wurzeln)
Pfefferminze
  (Blätter)
Schafgarbe
  (Blüten und Blätter)
Wilder Thymian
  (ganze Pflanze)
Wiesensalbei
  (Blüten und Blätter)
Brombeer-, Erdbeer- und Himbeerblätter, Holunderblüten und -blätter
junge Fichtentriebe
Zitronenmelisse
  (Blätter)

Für Kräuter und Pflanzen, die zur Zubereitung von Kräutertees getrocknet werden sollen, empfiehlt sich die Lufttrocknung. Die Kräuter werden auf einem mit Gaze bezogenen Rahmen ausgelegt oder zu Sträußen zusammengebunden kopfüber hängend getrocknet. Vor dem Trocknen werden die Kräuter, Wildkräuter oder Pflanzenblätter kurz gewaschen und gut trocken geschüttelt. Nach dem Trocknen zerreibt man sie zwischen den Fingerspitzen und bewahrt sie in dunklen Gläsern mit Twist-Off-Deckel auf. Heilkräuter entfalten ihre Wirkung nicht sofort. Daher sollten Sie den Tee über einen längeren Zeitraum trinken, um einen Heileffekt zu erzielen.

1 Sammeln Sie Kräuter möglichst nur an sauberen, staubfreien Plätzen. Am besten an Bach- und Waldrändern sowie auf Waldlichtungen.

2 Für Tees aus Blättern und/oder Blüten nimmt man 1 gehäuften TL des getrockneten, zerkleinerten Tees pro Tasse.

3 Den Tee mit ca. 150 ml kochendem Wasser übergießen und zugedeckt 10 Minuten ziehen lassen.

4 Verwendet man die Wurzel, Hölzer oder Rinde, nimmt man ebenfalls 1 gehäuften TL pro Tasse, gibt dies in einen Topf und setzt es mit 150 ml kaltem Wasser auf. Bis zum Sieden erhitzen, 10 Minuten köcheln lassen und dann abseihen.

5 Zum Süßen Honig oder Ahornsirup verwenden und den Tee in kleinen Schlückchen trinken.

Spargelaperitif

Zutaten
5 kg Spargelabfälle

Schwierigkeitsgrad
einfach

Kochzeit
75 Minuten

Hilfsmittel
Dampfentsafter
4 Twist-Off-Gläser zu
je 500 ml

Ergibt
etwa 2 l

Haltbarkeit
12 Monate bei 1–18 °C

Spargelsaft regt den Appetit an und fördert die Verdauung. Er sollte daher vor dem Essen getrunken werden.

1. Saftmachen aus Schalen und Abschnitten lohnt sich, wenn größere Mengen anfallen. Diese waschen, tropfnass in den Siebkorb des Dampfentsafters geben und 75 Minuten über sprudelndem Wasser entsaften.

2. Spargelsaft bei großer Hitze ohne Abdeckung auf 2 l reduzieren, in heiße Gläser füllen, verschließen und auf den Deckeln stehend abkühlen lassen.

Suppenspargel und Spargelpüree

Das Püree für Suppen und Saucen verwenden. Beispielsweise mit 100 g brauner Butter mischen und zu Pellkartoffeln servieren. Oder 200 g Sahne auf die Hälfte einkochen, mit 200 g Spargelpüree erhitzen und mit Salz und Pfeffer würzen. Garnelen, Schollenfilet oder Lachs in ½ cm große Stücke schneiden, zum Spargelpüree geben und 2 Minuten ziehen lassen – nicht kochen. Auf Bandnudeln anrichten und grünen Salat dazu reichen.

1. Spargel waschen und brechen – er zerspringt etwa in der Mitte wie Glas, und es muss nur noch am unteren Ende die Schale entfernt werden. Die Endstücke mit kaltem Wasser bedecken und schnell aufkochen.

2. Spargelspitzen ganz lassen oder in Stücke schneiden und in eine Schüssel geben. Die Endstücke darüber abgießen. Die Spargelspitzen nach 3 Minuten abgießen und das Wasser wegschütten.

3. Petersilienwurzeln waschen, schälen und in Scheiben hobeln. Mit Wasser bedecken und 5 Minuten kochen. Die Spargelenden dazugeben, mit Wasser bedecken und weitere 10 Minuten kochen. In ein Sieb schütten. Die Brühe mit Zitronensaft und Salz abschmecken.

4. Spargelspitzen in die Gläser geben und mit der Brühe bedecken. Verschließen, in Wasser gleicher Temperatur setzen und einkochen. Bei Bedarf aus der Brühe eine cremige Suppe oder Sauce kochen und den Spargel darin erhitzen.

5. Spargelenden und Petersilienwurzeln mit dem Stabmixer pürieren und anschließend durch ein Sieb streichen, um harte Fasern zu entfernen.

6. Das Püree in Dosen füllen und einfrieren.

Zutaten

- 4 kg dünner Spargel
- 800 g Petersilienwurzeln
- Saft von 2 Zitronen
- 60 g Meersalz

Schwierigkeitsgrad
★★ einfach

Spargelspitzen

Einkochzeit
2 Stunden bei 98 °C

Hilfsmittel
7 Einkochgläser zu je 750 ml

Ergibt
etwa 5 l

Haltbarkeit
12 Monate bei 1–20 °C

Spargelenden

Einkochzeit
keine

Hilfsmittel
5 TK-Gefäße zu je 200 ml

Ergibt
etwa 1 l

Haltbarkeit
12 Monate bei −18 °C

Püree für Pesto und Grüne Sauce

Zutaten

1 kg Spinat

300 g glatte Petersilie

50 g Basilikum

200 g Frühlingskräuter: Portulak, Brennnessel, Sauerampfer, Gänsefingerkraut, Taubnessel und Wegerich zu gleichen Teilen

Schwierigkeitsgrad
einfach

Einkochzeit
keine

Hilfsmittel
8 Gefrierbeutel

Ergibt
8 × 100 g

Haltbarkeit
8 Monate bei –18 °C

Pesto oder Grüne Sauce nach Rezept zubereiten, das Püree gefroren hinzufügen und beim Auftauen mit der Gabel zerdrücken. Für ein leckeres Knoblauch-Pesto beispielsweise eine Portion Püree, 2 Knoblauchzehen, 100 ml Olivenöl, 50 g Parmesan und 1 EL Pinienkernen verrühren, die Paste mit Salz und Pfeffer abschmecken und mit etwas Kartoffel- oder Nudelwasser glatt rühren. Schmeckt lecker zu Nudeln, Bohnen und Tomaten. Für Grüne Sauce ein hart gekochtes Ei, 100 g Joghurt, 4 EL neutrales Öl, Salz und Pfeffer mit einer Portion Püree mischen und abschmecken. Dazu passen Roastbeef, gekochtes Rindfleisch und Kartoffeln.

1 Spinat und Kräuter verlesen, waschen und tropfnass in einen weiten Topf geben. Mit Deckel über starker Hitze dämpfen, bis die Blätter zusammenfallen und dunkler geworden sind. Ins Sieb geben und abtropfen lassen.

2 Die Kräuter-Gemüse-Mischung in den Händen ausdrücken, auf einem Brett bündeln, klein schneiden und fein hacken, am besten mit einem Wiegemesser oder großen Hackmesser mit Griffmulde.

3 Das Püree portionsweise in Gefrierbeutel geben, zu flachen Päckchen zusammendrücken, verschließen und einfrieren.

Variationen von Kräutersaucen

Kasseler Grüne Sauce

Traditionell besteht auch die Kasseler Grüne Sauce aus bis zu sieben Kräutern, in diesem Fall sind das Borretsch, Petersilie, Pimpinelle, Sauerampfer und Schnittlauch, je nach Variante kommen Dill und Zitronenmelisse hinzu. Die Kräuter Kerbel, Kresse oder Liebstöckel werden nicht verwendet. Grundlage der Kasseler Grünen Sauce sind ein Teil Schmand und zwei bis drei Teile saurer Sahne, zu denen die gehackten Kräuter mit ebenfalls gehackten gekochten Eiern und wenig Öl und Essig zugegeben werden. Die Sauce wird traditionell zu Salzkartoffeln, Pell- oder Backkartoffeln gereicht.

Italienische Bagnetto verde

Bagnetto verde mit Petersilie ist ein traditioneller Begleiter zu Fleischgerichten und ist außerdem eine der klassischen Saucen für Pasta.
6 Sardellenfilets aus dem Öl heben. Mit 3 Knoblauchzehen, 5 Esslöffeln Kapern und ½ Bund Petersilie grob hacken. Alles mit 2 EL Öl mit dem Stabmixer fein pürieren, mit Salz und Pfeffer abschmecken, mit Öl auffüllen.

Französische Sauce verte

Die französische Sauce verte ist eine Mayonnaise, die mit fein gehackten, eventuell durch ein Sieb gestrichenen Kräutern wie Petersilie, Estragon, Kerbel, Brunnenkresse, Pimpinelle und Schnittlauch vermischt wird. Sie enthält häufig auch Knoblauch.

Kanarisches Mojo verde

Auf den Kanarischen Inseln wird gerne eine hauptsächlich aus Koriandergrün oder Petersilie bestehende Sauce gereicht, die mit Zitrone, Olivenöl, Kreuzkümmel und Salz zubereitet und zum Teil mit grünem Paprika gestreckt wird.

Baskische Salsa verde

Die im Baskenland verbreitete Salsa verde besteht aus Öl, Mehl, Erbsen und Petersilie. Sie wird vor allem zu Fisch serviert.

Kräuterbutter

Zutaten

je 30 g Petersilie und Schnittlauch
je 10 g Basilikum und Dill
je 10 g Estragon und Kerbel
je 10 g Pimpinelle und Sauerampfer
10 g Zitronenmelisse
je 2 g Thymian und Majoran
1 kg weiche Sommerbutter
2 EL Zitronensaft
1 Spritzer Worcestersauce
2 TL Meersalz, etwas Öl

Schwierigkeitsgrad
einfach

Einkochzeit
keine

Hilfsmittel
5 Bogen Wachspapier

Ergibt
1,15 kg

Haltbarkeit
8 Monate bei −18 °C

Kräuterbutter zum schnellen Auftauen in kaltes Wasser legen und auf dekorative Art mit dem Buntmesser (Schneide mit kantigem Wellenschliff) in Scheiben schneiden. Auf Steaks und Fisch anrichten, um sie darauf schmelzend zu verzehren. Junges Gemüse und kleine Pellkartoffeln in Kräuterbutter schwenken sowie Suppen und Saucen damit abschmecken.

1. Alle Kräuter waschen, Blätter von den Stängeln pflücken, durch Einrollen in ein Tuch vollkommen abtrocknen und auf ein großes Brett geben. Sehr fein schneiden.

2. Butter mit Zitronensaft, Worcestersauce und Salz verrühren. Kräuter untermischen. In 5 Portionen teilen und länglich formen.

3. Wachspapier mit Öl einreiben. Butter auf die Mitte legen, eine Seite des Papiers darüberschlagen. Eine Palette oder ein Lineal anlegen und sanft an das Päckchen drücken, bis eine 3–4 cm dicke Rolle entstanden ist.

4. Die Päckchen verschließen und im Kühlschrank fest werden lassen. Anschließend in Tagesportionen schneiden, luftdicht verpacken und einfrieren.

Variationen von gewürzter Butter

Currybutter

Butter mit Curry mischen, mit Salz und Zitrone abschmecken. Gut gekühlt servieren.

Feine Krabbenbutter

Püree aus gekochtem Eigelb, Schalotten, gedünsteten Krabben und Peperoni mit Butter mischen, mit Salz und Pfeffer abschmecken.

Dillbutter

Butter mit fein gehacktem Dill mischen, mit Salz, Zitrone und Pfeffer abschmecken.

Estragonbutter

Blanchierte, pürierte Estragonblätter in die Butter einrühren, mit Zitrone und Salz würzen.

Petersilienbutter

Fein gehackte Petersilie in die Butter rühren, mit Salz und Zitrone abschmecken.

Haselnussbutter

Frisch geröstete Haselnüsse mahlen, mit der Butter mischen.

Knoblauchbutter

Pürierten Knoblauch mit Butter mischen, mit Worcestersauce, Zitrone und Salz würzen.

Mandelbutter

Fein gemahlene süße Mandeln ohne Haut unter die Butter rühren, mit Weinbrand und Salz würzen.

Meerrettichbutter

Frisch geriebenen Meerrettich mit Zitrone abschmecken, mit der Butter mischen. Weitere Zitrone, Salz und eventuell eine Prise Zucker zur Geschmacksabrundung.

Sommer ist die Zeit, in der es zu heiß ist, um das zu tun, wozu es im Winter zu kalt war. ♥

Mark Twain

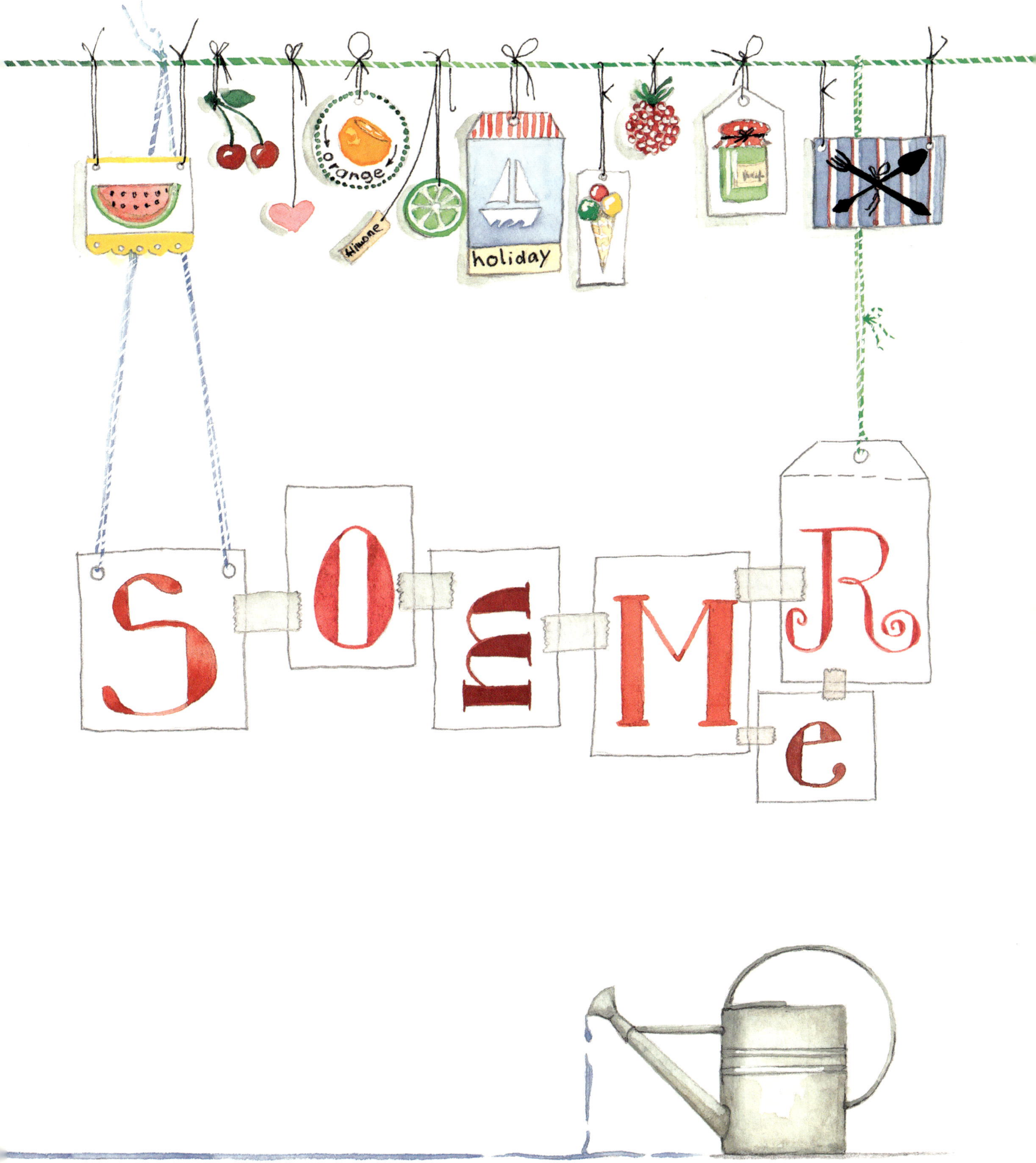
orange
limone
holiday
Sommer

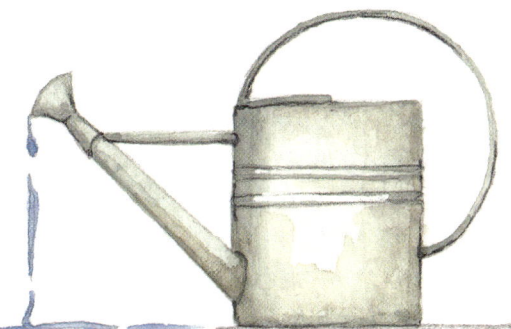

Himbeersirup

Zutaten

1 kg Himbeeren
1 kg rote Johannisbeeren
150 ml frischer Zitronensaft
1,6 kg Zucker

 Schwierigkeitsgrad
einfach

 Wartezeit
24 Stunden

 Hilfsmittel
8 Flaschen zu je 350 ml

 Ergibt
etwa 2,8 l

 Haltbarkeit
12 Monate

Himbeere

Nur wenig Himbeersirup macht Mineralwasser und Milch zu schmackhaften Getränken. Sie können Sahne, Creme und Tortenguss damit aromatisieren sowie andere Speisen geschmacklich abrunden, beispielsweise Salatsaucen, Rote Grütze, Früchtegelee und Fruchtsaucen.

1 Himbeeren verlesen, Johannisbeeren mit einer Gabel von den Rispen streifen. Himbeeren und Johannisbeeren kalt waschen. Danach zerdrücken, mit Zitronensaft und 100 g Zucker mischen, zudecken und beiseitestellen.

2 Nach einem Tag die Fruchtmischung in ein Tuch geben und den Saft ablaufen lassen. Die Reste fest auswringen. 200 ml Saft und 1,5 kg Zucker mischen und klar kochen. Den übrigen Saft beifügen, 2 Minuten kochen und abschäumen.

3 Den Sirup in warme Flaschen abzapfen. Randvoll füllen, sofort verschließen und dunkel aufbewahren.

Russische Warenje

Warenje auf dem Frühstücksbrötchen genießen. Oder mit Tee und Gebäck am Nachmittag. Warenje nie in größeren Mengen kochen, sondern immer nur 1 kg Obst auf einmal. Wenn es große Früchte sind, diese nach dem Putzen wiegen und zerkleinern. Wenn es saures Obst ist, mit 250 ml Wasser verlängern und mehr Zucker nehmen, für Rhabarber und grüne Stachelbeeren beispielsweise 250 g bis 1 kg.

Zutaten

1 kg Himbeeren

1 kg Zucker

Schwierigkeitsgrad
einfach

Wartezeit
6 und 24 Stunden

Hilfsmittel
3 Twist-Off-Gläser zu je 500 ml

Ergibt
etwa 1,5 l

Haltbarkeit
12 Monate bei 1–18 °C

1 Die Himbeeren in stehendes, kaltes Wasser geben, mit den Händen entnehmen und abschütteln. In einer weiten Schüssel ausbreiten, mit 500 g Zucker bestreuen, zudecken und beiseite stellen.

2 Nach 6 Stunden oder am nächsten Tag den Saft abgießen und ihn mit 500 g Zucker kochen, bis sich Blasen bilden. Dabei beaufsichtigen.

3 Die Himbeeren in den Sirup geben, schwach kochen und abschäumen, bis sie glasig sind und nicht mehr schwimmen.

4 Warenje in eine Schüssel füllen, zudecken und kühlen. Am nächsten Tag behutsam umrühren, randvoll in heiße Gläser füllen und zuschrauben.

Himbeeressig

Zutaten

300 g Himbeeren, reif und fest

800 ml Weißweinessig

Für Salatmarinaden und Saucen zu Wild verwenden, aber auch zum Abschmecken feiner Desserts aus Beeren und für spritzige Getränke.

Schwierigkeitsgrad
sehr einfach

Wartezeit
4 bis 6 Wochen

Hilfsmittel
3 Flaschen zu je 350 ml

Ergibt
etwa 1 l

Haltbarkeit
bis zur nächsten Ernte

1 Die Himbeeren verlesen und in eine Kanne oder eine Flasche aus hellem Glas geben, die 1,5 l fasst. Essig über die Beeren gießen und das Gefäß verschließen. Auf ein sonniges Fensterbrett stellen und in Abständen von einigen Tagen schütteln.

2 Nach 4 bis 6 Wochen ist der Essig fertig – er leuchtet rosarot. Durch feines Leinen, das in Wasser aufgekocht wurde, laufen lassen und die Himbeeren fest auswringen.

3 Den Himbeeressig in Flaschen trichtern, verschließen und dunkel lagern, damit die frische Farbe erhalten bleibt.

Himbeere

Die Himbeere – ein Rosengewächs

Die roten Früchte der in den Wäldern wild wuchernden Sträucher wurden bereits in der Jungsteinzeit gesammelt. Die Himbeere ist seit dem Altertum als Heilpflanze bekannt. Im Mittelalter wurde dann in den Klostergärten mit der Kultivierung der Himbeeren begonnen.

Himbeeren sind nicht nur lecker, sondern auch gesund. Die mineralstoffreichen Früchte helfen bei Nieren- und Blasenbeschwerden, aber auch bei Verstopfung. Sie enthalten außerdem eine Menge des Vitamins Biotin, das für schöne Haut und Haare sorgen soll. Der Saft der Himbeeren stärkt und erfrischt bei Fieber. Neue Forschungen haben gezeigt, dass in den Früchten enthaltene sekundäre Pflanzenstoffe (Flavanoide) die Immunabwehr stärken. In der asiatischen Medizin werden Himbeeren von Frauen auch als Mittel gegen starke Monatsblutungen eingesetzt.

Je nach Region haben die Beeren ihren eigenen Namen – sie heißen Himmelbeere, Honigbeere oder Hübele, Rotbeere, Samtbeere und Waldbeere.

Anders als bei der Brombeere ist die Frucht nur lose an den Blütenboden gebunden und kann leicht abgezogen werden.

Die schmackhaften Früchte werden häufig roh verzehrt oder für die Herstellung von Konfitüre, Gelee, Kompott oder Saft vielfältig in der Küche verwendet. Himbeeren reifen nach der Ernte nicht nach.

Brombeerkompott

Zutaten

3 kg Brombeeren
500 g Zucker
2 Päckchen Gelierzucker
 (von Dr. Oetker)
750 ml Apfelsaft

Schwierigkeitsgrad
einfach

Einkochzeit
20 Minuten bei 80 °C

Hilfsmittel
7 Einkochgläser
zu je 500 ml

Ergibt
etwa 3,5 l

Haltbarkeit
12 Monate bei 1–20 °C

Das Kompott schmeckt pur, zu Vanille-Eiscreme, zu hellen Creme- und Mehlspeisen.

1 Die Brombeeren waschen, verlesen, auf Tüchern ausbreiten und trocknen lassen. Zucker und Gelierzucker mischen, in den Apfelsaft geben, verrühren und 3 Minuten kochen – das Geliermittel bindet den Aufguss und erhält die Festigkeit der Beeren.

2 Brombeeren in die Gläser geben und mit lauwarmem Aufguss bedecken. Verschließen, in kaltem Wasser aufsetzen, erhitzen und einkochen.

Cumberlandsauce

Diese fruchtig-pikante Sauce ist eine klassische Beilage zu kaltem Wild und Geflügel. Etwas herber gerät sie mit Preiselbeeren statt schwarzer Johannisbeeren – so harmoniert sie zur dänischen Leberpastete.

1 Schalotten, Knoblauch und Ingwer schälen und in winzige Würfel schneiden. Die äußere Schale der Orangen abschälen, 5 Minuten in Wasser kochen, abschrecken und in winzige Würfel schneiden. Orangen- und Zitronensaft auspressen. Alles mit Rotwein, Salz, Pfeffer und Senf 10 Minuten kochen.

2 Die Johannisbeeren waschen, mit einer Gabel von den Rispen streifen und dazugeben. Aufkochen, mit dem Zucker verrühren und schwach siedend etwa 30 Minuten kochen lassen, bis 1 l übrig ist.

3 Die Sauce abschmecken, kochend heiß abfüllen, verschließen und auf den Deckeln stehend abkühlen lassen.

Zutaten

- 50 g Schalotten
- 1 Knoblauchzehe
- 20 g frischer Ingwer
- 2 unbehandelte Orangen
- 1 Zitrone
- 250 ml Rotwein
- 1 TL Salz
- 1 EL weiße Pfefferkörner
- 2 EL heller, scharfer Senf
- 400 g rote Johannisbeeren
- 100 g schwarze Johannisbeeren
- 500 g Zucker

Schwierigkeitsgrad
★★★ mittel

Kochzeit
40 Minuten

Hilfsmittel
4 Twist-Off-Gläser zu je 250 ml

Ergibt
etwa 1 l

Haltbarkeit
12 Monate bei 1–18 °C

Roter Stachelbeersaft

Zutaten

3,5 kg reife Stachelbeeren

300 g Zucker

1 Vanilleschote

Mit kühlem Sekt zum Perlen gebracht, werden Gäste das Rätsel des Cocktails kaum erraten und über das Ergebnis staunen!

Schwierigkeitsgrad
einfach

Einkochzeit
25 Minuten bei 75 °C

Hilfsmittel
4 Flaschen zu je 700 ml

Ergibt
etwa 3 l

Haltbarkeit
12 Monate bei 1–20 °C

gooseberry

1 Die Stachelbeeren putzen und waschen. Mit 1 l Wasser, Zucker und Vanilleschote aufkochen und 10 Minuten sprudelnd kochen lassen. Zugedeckt beiseitestellen.

2 Nach 30 Minuten in ein Sieb schütten, das mit einem Tuch ausgelegt ist. Mit einem Teller beschweren und den Saft in 5 bis 6 Stunden ablaufen lassen.

3 Den Saft bis 4 cm unter den Rand in Flaschen trichtern, die Flaschen auf ein Gitter in einen hohen Topf stellen und bis zum Hals mit kaltem Wasser bedecken. Über Mittelhitze zum Perlen bringen, mit übrigem Saft randvoll füllen, verschließen und einkochen.

Stachelbeerkonfitüre mit Aprikosen

Diese Konfitüre ist etwas ganz Besonderes als Brotaufstrich, aber auch perfekt als Belag auf Torteletts, mit Sahne servieren.

Zutaten

1,5 kg Stachelbeeren
1 kg Aprikosen
1,5 kg Zucker
2,5 Beutel Gelfix Super (von Dr. Oetker)
2,5 Beutel Zitronensäure (von Dr. Oetker)
½ TL Muskatblüte

Schwierigkeitsgrad
einfach

Einkochzeit
keine

Hilfsmittel
12 Twist-Off-Gläser zu je 250 ml

Ergibt
etwa 3 l

Haltbarkeit
12 Monate bei 1–18 °C

1 Die Stachelbeeren putzen und waschen. Die Aprikosen entsteinen und klein schneiden. Beides in einem flachen 6-l-Topf mit Zucker mischen und über mäßiger Hitze aufsetzen. Ab und zu umrühren, bis sich der Zucker aufgelöst hat.

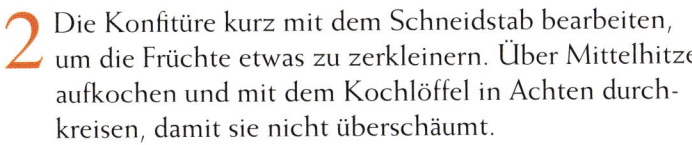

2 Die Konfitüre kurz mit dem Schneidstab bearbeiten, um die Früchte etwas zu zerkleinern. Über Mittelhitze aufkochen und mit dem Kochlöffel in Achten durchkreisen, damit sie nicht überschäumt.

3 Das Geliermittel hinzufügen, verrühren und einmal aufwallen lassen. Zitronensäure und Muskat dazugeben und unterrühren. Die Konfitüre randvoll in Gläser füllen, verschließen und auf den Deckeln stehend abkühlen lassen.

Heidelbeerlikör

Zutaten
1 kg Heidelbeeren
1 l Weingeist (96 % Alkohol)
250 g Zucker

 Schwierigkeitsgrad
sehr einfach

 Reifezeit
einige Monate

 **Hilfsmittel**
verschließbares Glas
mit 2 l Inhalt
schöne Likörfläschen

 Ergibt
etwa 1,2 l

 Haltbarkeit
12 Monate

Heidelbeeren werden auch Schwarz- oder Blaubeeren genannt. Die niedrigen Heidelbeersträucher sind in Nadelwäldern, Heide- und Moosgegenden zu finden. Die Beeren sind im Juli und August erntereif. Da die gepflückten Beeren schnell verschimmeln, sollten sie sofort verarbeitet werden.

1 Die Heidelbeeren verlesen, waschen, abtropfen lassen und zerdrücken.

2 Das Heidelbeermus mit dem Weingeist in ein großes Glas füllen. Das verschlossene Glas 5 Wochen an einem sonnigen Platz stehen lassen, dabei öfters umschütteln.

3 Den Zucker in ¼ l Wasser aufkochen und abkühlen lassen. Die Heidelbeermischung durch ein Sieb geben. Die aufgefangene Flüssigkeit mit dem Zuckerwasser mischen und in gut gereinigte Likörflaschen abfüllen. Die Flaschen verschließen und einige Monate lagern. Je älter der Likör ist, desto aromatischer wird er.

Heidelbeerkonfitüre

Ein Klassiker unter den Frühstückskonfitüren!

1. Die Johannisbeeren waschen, mit einer Gabel von den Rispen streifen, im Mixer pürieren, mit dem Zitronensaft mischen, in ein Tuch geben und auspressen, bis die Reste trocken sind. Den Saft auffangen.

2. Die Heidelbeeren waschen, verlesen und im Sieb abtropfen lassen.

3. Johannisbeersaft, Heidelbeeren und Gelierzucker mischen, rührend erhitzen und schäumend kochen. Kochend heiß und randvoll in Gläser füllen. Verschließen und auf den Deckeln stehend abkühlen lassen.

Zutaten

500 g rote Johannisbeeren
2 EL Zitronensaft
750 g Heidelbeeren
1 kg Gelierzucker 1+1

Schwierigkeitsgrad
sehr einfach

Einkochzeit
keine

Hilfsmittel
5 Twist-Off-Gläser zu je 250 ml

Ergibt
etwa 1,2 l

Haltbarkeit
12 Monate bei 1–18 °C

Rote Grütze

Rote Grütze mit frischer Milch genießen, die bis zur Hälfte mit Sahne gemischt wird. Als Varianten können andere Früchte beigemischt werden, zum Beispiel feste Erdbeeren, weiße Johannisbeeren, reife Stachelbeeren, rote und blaue Pflaumen in kleinen Stücken.

Zutaten

500 g Himbeeren
1 kg rote Johannisbeeren
1 kg schwarze Johannisbeeren
ca. 500 g Zucker
250 g Speisestärke
500 g süße Kirschen

1. Himbeeren verlesen, Johannisbeeren mit einer Gabel von den Rispen streifen. Beide Beerensorten waschen. 250 g schöne Himbeeren zurücklegen. Johannisbeeren mit den übrigen Himbeeren und mit Wasser bedeckt kurz kochen. 10 Minuten beiseitestellen.

2. Die Beeren in ein Sieb geben und passieren. 0,25 l Saft abmessen. Mit den ausgedrückten Beeren und Wasser einen Zweitsaft kochen. So 3,25 l gewinnen.

3. Die Kirschen waschen und entsteinen. Den ersten Saft aufkochen und mit Zucker süßen. Kirschen und die zurückgelegten Himbeeren darin einmal aufkochen, mit der Drahtkelle entnehmen und abtropfen lassen.

4. Speisestärke mit dem abgekühlten Zweitsaft verquirlen, in den Saft rühren und klar kochen.

5. Die Rote Grütze noch lauwarm abschmecken, mit Kirschen und Himbeeren mischen. Bis 2 cm unter den Rand in Gläser füllen, verschließen und in kaltem Wasser aufsetzen. Langsam erwärmen und einkochen.

Schwierigkeitsgrad
einfach

Einkochzeit
20 Minuten bei 80 °C

Hilfsmittel
7 Einkochgläser zu je 500 ml

Ergibt
etwa 3,5 l

Haltbarkeit
12 Monate bei 1–20 °C

besonders lecker

Rosensirup

Zutaten:

6-8 grosse duftende Rosenblüten, ungespritzt
2 kg Zucker
1,5 l kochendes Wasser
50 g Zitronensäure (aus der Apotheke)

Zubereitung:

Zucker und Zitronensäure in einen Topf geben und im kochenden Wasser auflösen. Die Blüten in das Zuckerwasser geben. Sie sollten gut mit der Flüssigkeit bedeckt sein. Den Topf mit dem Deckel abdecken und vier Tage stehen lassen. Ein Mal täglich umrühren. Abseihen und in Flaschen füllen.

im Sekt ein Genuss!

Kirschlikör

Pur genießen oder auf Eis, als Zutat für Cocktails und Longdrinks oder zum Tränken von Tortenböden. Kirschlikör ist vielseitig verwendbar und in einer schönen Flasche auch ein sehr feines Geschenk für Genießer.

1 Kirschen und Himbeeren waschen. Kirschen entstielen und entsteinen. 20 Kirschsteine zerschlagen. Früchte und Steine in ein Glas geben, das 2 l fasst. Kandis, Zimt und Anis untermischen. Zudecken und kühl stellen.

2 Etwa 24 Stunden später das Kirschwasser dazugießen. Zudecken und lagern, wo es hell, aber nicht sonnig ist.

3 Nach 4 Wochen ins Safttuch gießen und den Likör ruhig ablaufen lassen. In Flaschen umfüllen, verschließen und mindestens 4 Wochen reifen lassen.

Zutaten
500 g süße Kirschen
500 g Schattenmorellen
250 g Himbeeren
200 g feiner, weißer Kandis
3 cm Zimtstange
2 Rosetten Sternanis
1 l Kirschwasser (42 % Alkohol)

 Schwierigkeitsgrad
sehr einfach

 Reifezeit
24 Stunden und
2 × 4 Wochen

 Hilfsmittel
3 – 4 Flaschen zu
je 500 ml

 Ergibt
etwa 3,5 l

 Haltbarkeit
4 Monate bei 15 – 18 °C

Kompott aus süßen Kirschen

Zutaten

4 kg süße Knorpelkirschen
500 g schwarze Johannisbeeren
4 unbehandelte Zitronen
3 Stangen Zimt
4 Nelken
etwa 500 g Gelierzucker 1+3

Schwierigkeitsgrad
einfach

Einkochzeit
30 Minuten bei 90 °C

Hilfsmittel
5 Einkochgläser zu
zu je 750 ml

Ergibt
etwa 3,75 l

Haltbarkeit
12 Monate bei 1–20 °C

Das Kompott mit Grießklößchen, Quarkauflauf, Pfannkuchen und anderen Mehlspeisen anrichten. Oder pur als leichtes Dessert. Es schmeckt ausgezeichnet zu Vanille-Eiscreme und kann zu einem festlichen Anlass flambiert werden: Das Kirschkompott heiß über das Eis geben, bei Tisch mit etwas heißem Kirschwasser beträufeln und anzünden.

1 Die Kirschen waschen, entsteinen und abtropfen lassen. Johannisbeeren waschen und mit einer Gabel von den Rispen streifen.

2 ¼ der Kirschen und die Johannisbeeren in einen Topf geben, dazu die dünn abgeschälte Schale von 1 Zitrone, den Saft aller Zitronen, Zimt und Nelken. Alles langsam zum Kochen bringen, 3 Minuten schwach perlend kochen lassen und mit dem Schneidstab pürieren.

3 Die Masse durch ein Sieb passieren und dabei mit dem Rücken einer Suppenkelle ausdrücken. Saft mit Gelierzucker mischen und abschmecken.

4 Das Kompott in Gläser geben, leicht zusammendrücken und mit dem Saft bedecken. Verschließen, in kaltem Wasser aufsetzen, bei mittlerer Hitze zum Perlen bringen und einkochen.

Gewürzkirschen

Diese selten anzutreffende Zubereitungsart für Kirschen passt ausgezeichnet zu Wild und Geflügel, als Beilage zu Käse und als Zutat für Salat.

Zutaten
2 kg Knorpelkirschen
3–4 Stangen Zimt
500 ml Weißweinessig
400 ml Rotweinessig
100 ml Sherryessig
800 g Zucker

 Schwierigkeitsgrad
sehr einfach

 Reifezeit
24 Stunden, 14 Tage

 Hilfsmittel
7 Twist-Off-Gläser zu je 500 ml

 Ergibt
etwa 3,5 l

 Haltbarkeit
12 Monate bei 1–18 °C

1 Die Kirschen waschen, entsteinen und in eine Schüssel geben. Zimt, Essig und Zucker aufkochen, über die Kirschen gießen und die Schüssel zudecken.

2 Am nächsten Tag die Essiglösung abgießen und einige Minuten sprudelnd kochen. Die Kirschen hineingeben und einmal aufkochen.

3 Kirschen mit der Drahtkelle entnehmen und in die Gläser verteilen. Je ½ Zimtstange hineinstecken. Die Essiglösung aufkochen, die Kirschen damit bedecken. Gläser sofort verschließen und die Kirschen 14 Tage durchziehen lassen.

Pflaumen

Pflaumen – dazu gehören echte Pflaumen, Zwetschgen, Mirabellen und Renekloden

Echte Pflaumen, auch Rund- oder Eierpflaumen, werden vor allem in Kleingärten und Hausgärten angebaut. Die sehr saftigen Früchte schmecken am besten frisch oder als Kompott.

Die Zwetschge (auch Zwetsche) ist eine Unterart der Pflaume. Die Früchte sind etwas kleiner, länglich bis oval, mit spitzen Enden. Im Handel und Anbau werden sie bevorzugt, da sie beim Backen Form und Biss behalten und besser zu transportieren sind. Durch den geringen Wassergehalt und hohen Gehalt an Fruchtzucker werden sie meist für die Herstellung von Trockenpflaumen benutzt. Sie lassen sich gut einfrieren und zu Kuchen verarbeiten. Eine weitere bekannte Verwendung ist das Zwetschgenwasser.

Mirabellen sind kugelrunde, gelbe Früchte, die oft eine rötliche Sonnenseite aufweisen. Sie sind etwa kirschgroß und besitzen ein sehr süßes Fruchtfleisch. Bevorzugt werden sie roh verzehrt, eingemacht oder zu Kompott verarbeitet.

Renekloden sind kugelrund mit hellem Fruchtfleisch und einer gelbgrünen bis violetten Haut. Ihr Name soll von der französischen Königin Claudia stammen, die diese Früchte gern aß. Sie spielen im Handel kaum eine Rolle, da ihre Haut sehr empfindlich ist und die Früchte schnell verderben. Sie werden roh oder als Kompott verzehrt.

Pflaumen unterstützen die Arbeit von Leber und Nieren, wirken mild abführend und nervenstärkend. Sie wirken fiebersenkend und beugen Arterienverkalkung vor.

Reneklodenkonfitüre

Nach diesem Rezept lässt sich auch Mirabellenkonfitüre zubereiten.

1 Die Renekloden waschen, abtrocknen, entsteinen und in kleine Stücke schneiden. Die Zitronen fein abreiben und den Saft auspressen.

2 Zitronenschale, Zitronensaft und Gelierzucker mit den Renekloden mischen. Zugedeckt ruhen lassen, bis sie im eigenen Saft stehen.

3 Die Früchte samt Saft und vielleicht einer Zimtstange in einen weiten Topf geben, bei mittlerer Hitze rühren und 6 bis 8 Minuten sprudelnd kochen. Nach der Gelierprobe randvoll in Gläser füllen und sofort zuschrauben.

Zutaten
1 kg Renekloden
2 unbehandelte Zitronen
1 kg Gelierzucker 1+1
1 Stange Zimt nach Geschmack

 Schwierigkeitsgrad
sehr einfach

 Einkochzeit
keine

 Hilfsmittel
6 Twist-Off-Gläser zu je 200 ml

 Ergibt
etwa 1,2 l

 Haltbarkeit
12 Monate bei 1–18 °C

Pflaumenmus

Zutaten

5 kg späte Pflaumen
500 g Zucker und mehr
1 TL Zimt
¼ TL Nelken
etwas Rum

Sie können auch Kirschen nach diesem Rezept zu Mus eindämpfen. Beides schmeckt lecker auf Brot und Brötchen zum Frühstück und auf Schnittchen zum Nachmittagstee.

Schwierigkeitsgrad
einfach

Backzeit
4 Stunden

Hilfsmittel
9 Twist-Off-Gläser zu je 200 ml

Ergibt
etwa 1,8 l

Haltbarkeit
12 Monate bei 1–18 °C

1 Die Pflaumen entstielen, waschen, abtrocknen und entsteinen. Mit dem Zucker mischen und in die tiefe Pfanne des Backofens geben.

2 Die Hitze einschalten und die Pflaumen bei 150 °C eindicken. Dabei den Wrasenschieber öffnen oder einen Holzlöffel zwischen Ofen und Tür klemmen, damit der Dampf entweichen kann.

3 Die Pflaumen können ohne Aufsicht bleiben, bis die Hälfte ihres Volumens verdampft und der Saft sirupartig geworden ist. Es dauert etwa 4 Stunden. Im Heißluftherd geht es bei 130 °C etwas schneller, weil der heiße Wind das Mus schneller trocknet als stille Luft.

4 Das Mus weiter eindämpfen und dabei in Abständen von 30 Minuten kontrollieren, bis der Saft fast ganz verdampft ist. Die Früchte dabei vorsichtig zur Mitte schieben, damit am Rand nichts schwarz wird.

5 Das Blech aus dem Ofen nehmen, die Pflaumen mit den Gewürzen bestreuen und verrühren. Heiß in Gläser füllen und offen stehen lassen, bis das Mus eine Haut hat. Dünn mit Zucker bestreuen, mit Rum befeuchten und zuschrauben.

Dörrzwetschgen

Zwetschgen eignen sich vorzüglich zum Trocknen. Nehmen Sie dafür nur vollreife Früchte, wenn sich die Haut am Stiel schon leicht kräuselt, ist es gut. Die Früchte werden im Ganzen getrocknet. Achten Sie darauf, die Früchte nicht zu lange zu trocknen – sie sollten noch weich sein.

Am einfachsten werden die Früchte an warmen Sommertagen ohne große Luftfeuchtigkeit auf Sieben ausgelegt. Ein darüber gelegtes Mulltuch hält Insekten fern. Die Früchte dürfen nicht übereinanderliegen. Abends werden die Früchte ins Haus geholt. Das Trocknen sollte innerhalb von 4 bis 5 Tagen abgeschlossen sein.

Alternativ kann auch im 50 °C warmen Backofen getrocknet werden. Die Backofentür muss dabei einen Spalt offen bleiben. Die Zwetschgen öfters wenden. Das Trocknen im Backofen dauert zwischen 6 und 12 Stunden.

Getrocknete Zwetschgen sollten luftdicht und trocken gelagert werden, am besten eignen sich Dosen, die auch kein Licht durchlassen.

Zwetschgen enthalten reichlich Eisen, Kupfer und Zink, haben ein sehr gutes Kalium-Natrium-Verhältnis, und man sagt ihnen eine knochenstärkende Verbindung von Kalzium und Phosphor nach. Bei den Trockenpflaumen ist aber auch der Zuckergehalt sehr hoch – 100 g Zwetschgen haben rund 230 Kilokalorien.

Trockenpflaumen sind ganz klassische Verdauungshelfer. Je nach individueller Wirkung weicht man abends 2 bis 6 Stück ein und genießt sie morgens mit dem Einweichwasser auf nüchternen Magen. Wer das nicht mag, kann sich die Früchte auch ins Müsli schneiden – ihre Wirkung entfalten sie auch hier.

Pflaumen in Weißwein

Zutaten
5 kg reife Pflaumen (fest am Stein)
1 kg Zucker
2 l Weißwein

 Schwierigkeitsgrad
einfach

 Einkochzeit
30 Minuten bei 90 °C

 Hilfsmittel
7 Einkochgläser zu je 1 l

 Ergibt
etwa 7 l

 Haltbarkeit
12 Monate bei 1–18 °C

Pflaumen in Weißwein passen zu Vanille-Eiscreme, Reispudding und Schlagsahne, Hefeklößen und Vanillesauce.

1 Die Pflaumen waschen, entstielen und in der Naht einschneiden. Mit dem Zucker mischen und Saft ziehen lassen.

2 Die Früchte nach 6 Stunden abgießen. Saft und Wein aufkochen und über die Pflaumen gießen. Abkühlen lassen, dabei ab und zu schwenken. Das Abgießen, Aufkochen und Übergießen zweimal wiederholen. Den Sud beim letzten Mal zu leichtem Sirup einkochen.

3 Die Pflaumen in die Gläser geben. Mit dem Weinsud bedecken, verschließen, in warmem Wasser erhitzen und einkochen.

Nuss-Essenz

Als Würze für Schlagsahne, Kaffee, heiße Schokolade und Glasuren verwenden.

1 Die Nüsse im Juni pflücken, wenn sie weich sind. Waschen, in kleine Würfel schneiden und mit warmem Wasser bedecken.

2 Nach 30 Minuten in ein Sieb schütten und abtropfen lassen. In eine weithalsige Literflasche geben, Nelken, Zimt, Kaffee, Kandis und den Weinbrand dazugeben. Die Flasche verschließen und an die Sonne stellen. Wöchentlich schütteln.

3 Nach 6 bis 8 Wochen durch ein feines Tuch filtern, in Flaschen trichtern, verschließen und zimmerwarm nachreifen lassen.

Zutaten
30 grüne Walnüsse
30 Nelken
4 Zimtstangen
20 Kaffeebohnen
400 g hellbrauner Kandiszucker
500 ml Weinbrand

Schwierigkeitsgrad
sehr einfach

Reifezeit
6–8 Wochen

Hilfsmittel
1 weithalsige 1-l-Flasche
2 Flaschen zu je 350 ml

Ergibt
etwa 700 ml

Haltbarkeit
12 Monate bei 18–20 °C

Grüne Walnüsse

Zutaten

1 kg grüne Walnüsse
375 ml Weißweinessig
1 kg Zucker
5 Zimtstangen
1 EL Nelken
Schale von 1 unbehandelten Zitrone

 Schwierigkeitsgrad
einfach

 Reifezeit
2 Tage

 Hilfsmittel
8 Twist-Off-Gläser zu je 250 ml

 Ergibt
etwa 2 l

 Haltbarkeit
12 Monate bei 1–20 °C

Die Walnüsse in Scheiben schneiden und als Garnitur an kaltes Fleisch, auf das Käsebrett und auf Gebäck legen.

1 Im Juni weiche und fleckenlose Walnüsse pflücken, die sich noch mit einer Nadel durchstechen lassen. Mit Wasser bedecken und bei mittlerer Hitze kochen.

2 Nach 5 Minuten ins Sieb schütten, abbrausen, abtropfen lassen und in ein Gefäß schichten, das alle Nüsse fasst.

3 125 ml Wasser, Essig, Zucker, Zimt, Nelken und gelbe Zitronenschale verrühren und aufkochen. Über die Nüsse geben, die Masse beschweren und beiseitestellen.

4 Nach 2 Tagen abgießen. Den Sud aufkochen, die Nüsse hineingeben, aufkochen und bei schwacher Hitze ziehen lassen. Sie sollen ganz bleiben und mürbe geraten.

5 Nach etwa 45 Minuten prüfen, dann die Nüsse ins Sieb schütten und abtropfen lassen. In die Gläser verteilen, dabei die Gewürze entfernen. Den Abtropfsaft zum Sud geben, aufkochen und abschmecken. Kochend heiß über die Nüsse schöpfen, bis sie bedeckt sind, Gläser verschließen.

Walnusslikör

Wer grüne Walnüsse ernten möchte, muss sie in der Regel von Baum pflücken – da sie in diesem Zustand noch unreif sind, fallen sie in diesem Stadium nur sehr selten vom Baum. Die grünen Nüsse können im Juni geerntet werden.

Zutaten

1 kg grüne Walnüsse
1 l Weingeist (96 % Alkohol)
1 TL Zimt
250 g Zucker
Gewürznelken

Schwierigkeitsgrad
sehr einfach

Einkochzeit
keine

Hilfsmittel
verschließbares 3-l-Glas
2 Likörflaschen à 0,5 l

Ergibt
etwa 1 l

Haltbarkeit
bis zu 12 Monaten

1 Die Walnüsse gründlich mit einem Tuch abreiben und zerkleinern.

2 Zusammen mit Zimt, Weingeist und einigen Gewürznelken in das große Glas füllen. Dieses verschließen und an einem sonnigen Ort stehen lassen.

3 Den Zucker mit ¼ l Wasser aufkochen und abkühlen lassen. Die Walnussmasse durch ein feines Sieb oder durch einen Filter geben. Den aufgefangenen Saft mit der Zuckerlösung mischen und in die gut gereinigten Likörflaschen abfüllen. Die Flaschen verschließen und einige Monate zur vollen Geschmacksentfaltung lagern.

Der **Herbst** ist ein zweiter Frühling, wo jedes Blatt zur Blüte wird. ♥

Albert Camus

Kastanien trocken und süß

Zutaten
3 kg Kastanien (Maronen)
evtl. 500 g brauner Kristallzucker

 Schwierigkeitsgrad
einfach

 Einkochzeit
30 Minuten bei 98 °C

 Hilfsmittel
7 Einkochgläser
zu je 500 ml

 Ergibt
etwa 3,5 l

 Haltbarkeit
12 Monate bei 1–20 °C

In Butter erhitzt, bis sie heiß sind und rundum glänzen, sind die süßen Kastanien eine leckere Beilage zu Rosenkohl oder Rotkohl mit Gans und Ente. Als Knabberei sind sie nicht nur bei Kindern heiß begehrt. Die ungesüßten Kastanien kann man beispielsweise für ein feines Püree im Mixer zerschlagen, mit 80 ml Milch und dem Mark einer Vanilleschote aufkochen. Passieren, zu dickem Mus einkochen, mit je 80 g Zucker und Sahne verrühren, aufkochen und erkalten lassen. Mit 2 EL Rum cremig rühren, 150 g steife Sahne unterheben. Durch eine Spätzlepresse auf Dessertteller garnieren. Mit Sahne und Maraschino-Kirschen servieren.

1 Die Kastanien auf der runden, nach außen gewölbten Seite mit einem spitzen Messer einritzen.

2 1 l Wasser über mäßiger Hitze leicht sprudeln lassen. Je 8 Kastanien in das Wasser hineingeben und 3 Minuten kochen. Mit der Drahtkelle entnehmen.

3 Die Kastanien so heiß wie möglich schälen, da sich dann die Schale besser löst. Mit einem Tuch anfassen und aus den Schalen pressen. Die Reste der dünnen Haut lösen und diese auch aus den Ritzen ziehen – sie kann bitter machen. (Zum Schälen kann man die Kastanien auch bei 175 °C im Ofen 8 bis 10 Minuten rösten. Es kostet allerdings mehr Energie und birgt die Gefahr, mehr als gewollt zu garen.)

4 Für ungesüßte Kastanien diese in Gläser geben und nichts hinzufügen. Verschließen, in kaltes Wasser setzen und einkochen.

5 Für süße Kastanien die geschälten Früchte feucht in Zucker wenden und in die Gläser geben. Verschließen, in kaltem Wasser aufsetzen und einkochen.

Rote-Bete-Salat

Zutaten

1,5 kg rote Bete
250 g Schalotten
1 EL Salz
2 EL Zucker
125 ml Apfelessig
50 ml kräftiger Rotwein
2 EL Koriander

 Schwierigkeitsgrad
mittel

 Einkochzeit
30 Minuten bei 98 °C

 Hilfsmittel
7 Einmachgläser à 250 ml

 Ergibt
etwa 1,75 l

 Haltbarkeit
12 Monate bei 1–20 °C

Die wunderbare Farbe und das erdige Aroma der Roten Bete sind eine wunderbare Ergänzung zu vielen Speisen. Die nach diesem Rezept eingelegte Bete ist der Hauptbestandteil des russischen Borschtsch und gehört zum Matjessalat. Sie schmeckt aber auch hervorragend zu gebackenen Kartoffeln mit Schnittlauchquark oder als Bestandteil zu vielen Salaten. In der Mischung mit geriebenem Apfel wird die Bete etwas fruchtiger.

1 Die Rote Bete schälen (Handschuhe) und in 2 mm dicke Scheiben schneiden.

2 Die Schalotten schälen, und in dünne Scheiben hobeln. Mit der Bete, Salz, Zucker, Essig und Wein mischen.

3 Koriander im Mörser zerreiben und dazugeben. Den Salat abschmecken, in die vorbereiteten Gläser füllen, die Gläser verschließen, in kaltem Wasser aufsetzen und einkochen.

Tomaten im eigenen Saft

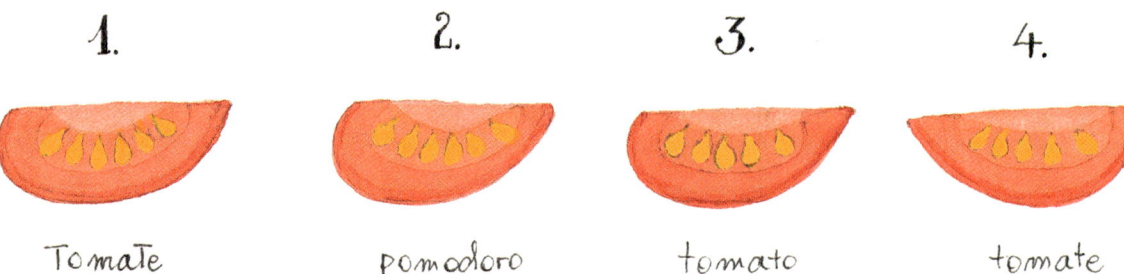

1. Tomate
2. pomodoro
3. tomato
4. tomate

Zutaten

6 kg Tomaten
4 Zwiebeln
2 Lorbeerblätter
2 Bund Thymian
1 EL Salz
Saft von 2 Zitronen
50 g Basilikum (frische Blätter)

 Schwierigkeitsgrad
einfach

 Einkochzeit
20 Minuten bei 90 °C

 Hilfsmittel
7 Einkochgläser zu je 500 ml

 Ergibt
etwa 3,5 l

 Haltbarkeit
12 Monate bei 1–18 °C

Tomaten im eigenen Saft eignen sich für Pasta und Pizza, für Suppen und Saucen sowie immer dann, wenn Tomaten zum Kochen gebraucht werden.

1 Feste Tomaten einritzen, mit heißem Wasser überbrühen, die Haut abziehen, die Frucht entkernen und in Würfel schneiden. Die Tomatenwürfel in einem Sieb sammeln, es sollen 3 kg sein. Den Saft auffangen.

2 Schalen, Kerne und abgetropften Saft in einen weiten Topf geben und bei Mittelhitze aufkochen.

3 Die Zwiebeln schälen, grob zerschneiden und dazugeben. Ebenso die Gewürze und den Zitronensaft. 30 Minuten schwach kochen, durch ein Sieb passieren und abschmecken.

4 Tomaten und Basilikum in Gläser schichten, mit Sauce füllen, verschließen und im kalten Wasserbad aufsetzen. Nach der Einkochzeit die Gläser erst entnehmen, wenn das Wasser abgekühlt ist.

Tomatenketchup

Sie können das Ketchup auch mit Curry abschmecken oder ohne Gewürze zubereiten und zusätzlich mit 300 g Zwiebeln, 375 ml Essig, Zucker und Salz kochen.

1 Tomaten zerschneiden, in einen weiten Topf geben, geschälten Knoblauch, Gewürze und Zucker dazugeben. Bei schwacher Hitze dämpfen, bis kein Wasser mehr auf dem Boden steht. Anschließend durch ein Sieb streichen.

2 Die Sauce mit dem Essig verrühren und weiter eindämpfen, bis sie 2 l misst und dickflüssig ist. Abschmecken, kochend heiß in Flaschen abfüllen und verschließen.

Zutaten
- 3 kg reife Tomaten
- 2 Knoblauchzehen
- je 1 EL Nelken und Piment
- je 1 TL Zimt und Ingwerpulver
- je 2 EL Salz und weißer Pfeffer
- 3 Lorbeerblätter
- 50 g Zucker
- 750 ml Weinessig

Schwierigkeitsgrad
einfach

Einkochzeit
keine

Hilfsmittel
4 Flaschen zu je 500 ml

Ergibt
etwa 2 l

Haltbarkeit
12 Monate bei 1–18 °C

Zucchinimarmelade

Zutaten
1 kg Zucchini (beliebig groß)
2 unbehandelte Zitronen
2 reife Birnen
1 kg Gelierzucker 2+1
100 g Walnusskerne (neue Ernte)

Schwierigkeitsgrad
einfach

Einkochzeit
keine

Hilfsmittel
4 Twist-Off-Gläser
zu je 450 g

Ergibt
etwa 1,9 l

Haltbarkeit
12 Monate bei 1–18 °C

Probieren Sie diese Zucchinimarmelade auch einmal in Kombination mit Käse.

1 Die Zucchini schälen, längs halbieren und die Mitte ausschaben, falls sie weich und voller Kerne ist. Das Fruchtfleisch in winzige Würfel schneiden.

2 Zitronen und Birnen in Scheiben schneiden, mit Wasser bedecken und bei schwacher Hitze 30 Minuten ziehen lassen. Ins Sieb geben und durchrühren.

3 Zucker in den Sud geben, auflösen und bei mittlerer Hitze aufkochen. Die Zucchini hineingeben, umrühren und kochen lassen, bis sie zerfallen sind.

4 Die Walnusskerne, die frisch und weich sind, grob hacken und in die Marmelade rühren. Kurz kochen und einen Tropfen auf eine kalte Unterlage geben. Sobald er nicht mehr zerläuft, die Marmelade kochend heiß randvoll in Gläser füllen. Zuschrauben und auf den Deckeln stehend abkühlen lassen.

Orangenkürbis

Orangenkürbis schmeckt im Obstsalat, zu Käsebrot und Käsetoast, zu Brathähnchen und gekochtem Pökelfleisch.

1. Den Kürbis fingerdick in 3 cm lange Stücke schneiden.

2. 2 Orangen hauchdünn abschälen, die Schalen mit Nelken, Essig und 250 g Zucker klar kochen. Mit dem Saft der Orangen mischen, durch ein Sieb laufen lassen und mit Zucker abschmecken.

3. Den Aufguss wieder aufkochen. Die Kürbisstücke in 3 Portionen hineingeben und in jeweils etwa 6 Minuten glasig kochen. In einer Siebschüssel sammeln und ausdampfen lassen.

4. Den Kürbis in Gläser schichten. Den abgetropften Saft und Aufguss 5 Minuten kochen. Kochend heiß über den Kürbis schöpfen bis er bedeckt ist. Die Gläser zuschrauben.

Zutaten
- 2 kg Kürbis (netto)
- 4 unbehandelte Orangen
- 1 EL Nelken
- 300 ml Apfelessig
- bis 500 g Zucker

Schwierigkeitsgrad
einfach

Einkochzeit
keine

Hilfsmittel
8 Twist-Off-Gläser zu je 370 ml

Ergibt
etwa 3 l

Haltbarkeit
12 Monate bei 1–18 °C

Kürbissenf

Dieser Senf schmeckt prima zu Bratwurst, gebratener Leber, Aufschnitt von Geflügelbrust und Wildbraten. Aber auch panierte, knusprige Schnitzel und Fleischfondue schmecken lecker mit der süß-scharfen Paste, die Sie auch aus anderen Früchten wie Äpfeln, Orangen, Melonen, Stachelbeeren, Reinekloden und Aprikosen zubereiten können.

Zutaten
- 3 unbehandelte Zitronen
- 1 kg weicher Kürbis (netto)
- 1 kg Gelierzucker 1+1
- 100 g Senfmehl
- 100 g Dijonsenf
- ½ TL Senf

 Schwierigkeitsgrad
einfach

 Einkochzeit
keine

 Hilfsmittel
10 Twist-Off-Gläser zu je 150 ml

 Ergibt
etwa 1,5 l

 Haltbarkeit
12 Monate bei 1–18 °C

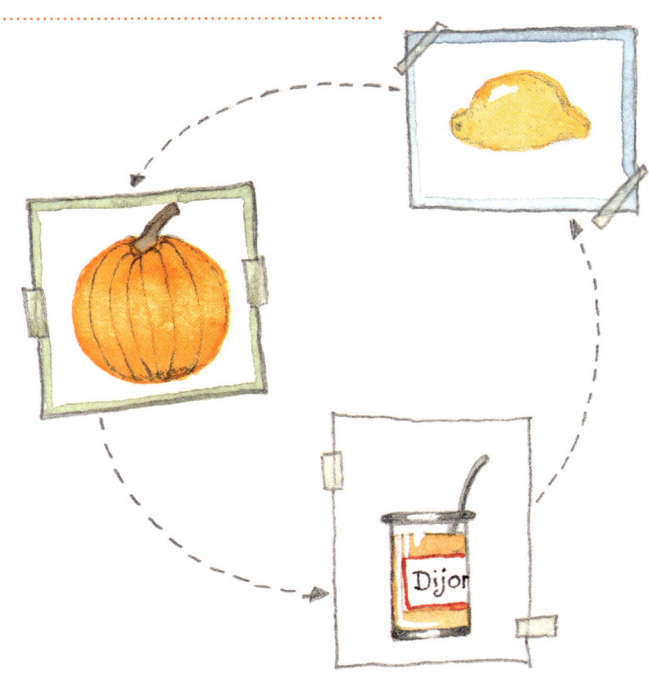

1 1 EL Zitronenschale fein abreiben. Mit 100 ml Wasser und dem Saft der Zitronen 20 Minuten kochen. Abkühlen lassen.

2 Den Kürbis grob raspeln und mit dem Zucker mischen. Bei mittlerer Hitze rühren und 4 Minuten sprudelnd kochen.

3 Senfmehl, Dijonsenf und Salz in den Zitronensud geben und zu einer glatten Creme verrühren. Zum Kürbis geben, ohne Pause rühren und 1 Minute lebhaft kochen. Abschmecken.

4 Den Senf randvoll in Gläser füllen, zuschrauben und auf den Deckeln stehend kalt werden lassen.

Kürbiskonfitüre

Zutaten
5 unbehandelte Zitronen
1,5 kg Kürbis (netto)
150 ml weißer Portwein
1,25 kg Gelierzucker 1+2

 Schwierigkeitsgrad
einfach

 Einkochzeit
keine

 Hilfsmittel
6 Twist-Off-Gläser zu je 370 ml

 Ergibt
etwa 2,2 l

 Haltbarkeit
12 Monate bei 1–18 °C

Eine leckere Konfitüre aufs Brot, aber auch als Pfannkuchenfüllung und zu Quark ausgezeichnet.

1 Die Zitronen 2 Minuten in Wasser kochen, abgießen und kalt werden lassen. Kürbis in winzige Würfel schneiden. Die Zitronen in sehr dünne Scheiben schneiden, entkernen und in kleine Schnipsel schneiden.

2 Kürbis, Zitronen und Portwein mischen und im offenen Topf 30 Minuten schwach perlend kochen. Beiseitestellen und abkühlen lassen.

3 Gelierzucker mit den Früchten mischen und schmelzen lassen. Bei mittlerer Hitze unter Rühren erhitzen und kochen, bis bei der Tropfenprobe die Masse nur noch wenig verläuft. Sofort randvoll in Gläser füllen. Zuschrauben und auf den Deckeln stehend abkühlen lassen.

Zwetschgen für Kuchen

So kann es den heiß geliebten Zwetschgenkuchen auch noch im Winter geben. Dafür werden die Früchte direkt aus dem Glas in den Hefeteig gebettet und wie gewohnt gebacken.

Zutaten

5 kg späte Zwetschgen (am besten schon leicht schrumpelig)

3 Stangen Zimt

1 Die Zwetschgen waschen und auf Tüchern trocken rollen. In der Naht einschneiden, entsteinen, zur ursprünglichen Form zusammenfügen und fest in Gläser schichten.

2 Die Zimtstangen in Stücke brechen und zwischen die Früchte stecken. Die Gläser verschließen, in kaltem Wasser aufsetzen, langsam erhitzen und einkochen.

Schwierigkeitsgrad
einfach

Einkochzeit
30 Minuten bei 90 °C

Hilfsmittel
7 Einkochgläser zu je 1 l

Ergibt
etwa 7 l

Haltbarkeit
12 Monate bei 1–20 °C

Gewürzbirnen

Zutaten
- 100 g frischer Ingwer
- 50 g rote Pfefferschoten
- 2 EL Pfefferkörner
- 3 Stangen Zimt
- 1 TL Salz
- 100 ml Balsamessig
- 600 ml Rotweinessig
- 500 g Zucker
- 2,5 kg kleine, reife, aber feste Birnen

Schwierigkeitsgrad
mittel

Einkochzeit
60 Minuten bei 90 °C

Hilfsmittel
6 bauchige Einkochgläser zu je 500 ml

Ergibt
etwa 3 l

Haltbarkeit
12 Monate bei 1–20 °C

Gewürzbirnen passen sehr gut zu Kochfleisch und Bouillonkartoffeln.

1 Ingwer und Pfefferschoten klein schneiden. Mit den Gewürzen, Salz und 1 l Wasser aufsetzen, 20 Minuten kochen und durch ein Sieb geben.

2 Den Sud, die Essige und den Zucker erhitzen, abschmecken und kochend heiß halten.

3 Die Birnen dünn schälen, die Stängel abschaben und die Blütenstände herausstechen. Im Ganzen in bauchige Schmuckgläser geben. Mit dem Sud bedecken, verschließen und einkochen.

Birnenmus

Als feines Dessert mit Sahne servieren oder als Füllung für Kuchen verwenden.

1. Die Zitronenschale fein abreiben. Den Saft auspressen. Die Birnen schälen, vierteln und entkernen, dabei bräunliche Teile großzügig abschneiden und entfernen. Die Birnen in den Zitronensaft legen und mit einem Kartoffelstampfer zerkleinern, aber stückig lassen.

2. Die Birnen in einem Bräter mit Zitronenschale, Zimt und Zucker verrühren. Im Ofen bei 150 °C und leicht geöffneter Tür eindämpfen, bis nur noch 1 l übrig ist. Dabei ab und zu umrühren.

3. Das Mus in die Gläser geben, mit Rum bedecken und verschließen. Vor Gebrauch umrühren.

Zutaten
- 2 unbehandelte Zitronen
- 3 kg weiche Birnen
- 2 Stangen Zimt
- 100 g brauner Zucker
- 75 ml Rum

Schwierigkeitsgrad
einfach

Einkochzeit
keine

Hilfsmittel
4 Twist-Off-Gläser zu je 250 ml

Ergibt
etwa 1 l

Haltbarkeit
12 Monate bei 1–18 °C

Quittenkonfitüre

Zutaten
2 kg Quitten
1 kg Zucker

 Schwierigkeitsgrad
sehr einfach

 Einkochzeit
keine

 Hilfsmittel
8 Twist-Off-Gläser
zu je 300 ml

 Ergibt
etwa 2,4 l

 Haltbarkeit
12 Monate bei 1–18 °C

Auf gebuttertem Bauernbrot genießen.

1. Die Quitten waschen, abreiben und die Blüten keilförmig herausschneiden. Die Früchte knapp mit kaltem Wasser bedecken und bei mäßiger Hitze 30 Minuten sanft kochen. Entnehmen und abkühlen lassen.

2. Das Fruchtfleisch aus den Schalen und von den Kerngehäusen schaben. Mit Zucker mischen und bei mittlerer Hitze rühren, bis die Gelierprobe gelingt.

3. Die Quittenkonfitüre kochend heiß und randvoll in Gläser füllen, verschließen.

Quitten

In Mitteleuropa wird sie seit dem 9. Jahrhundert angebaut, als wärmeliebende Pflanze bevorzugt in Weinbaugebieten.

Die in Deutschland oder Österreich wachsenden Quittensorten sind für den Rohverzehr nicht geeignet, da sie hart und durch die Gerbstoffe bitter sind. Es gibt aber auch Sorten, die roh gegessen werden können, zum Beispiel die in der Türkei angebaute Shirin-Quitte, die gelegentlich auch bei uns in türkischen Lebensmittelläden angeboten wird.

Die Ernte erfolgt am besten im nicht zu reifen Zustand, da sonst das in den Früchten enthaltene Pektin zunehmend abgebaut ist; am sinnvollsten ist als Erntezeitpunkt die Phase, in der die Farbe der Früchte von grün nach gelb umschlägt. Grasgrüne Früchte bleiben trotz eventueller Nachreife geschmacklich unbefriedigend. Bei später Ernte tritt rasch eine Bräunung des Fruchtfleisches auf. Knapp reif geerntete Früchte lassen sich getrennt von anderem Obst bis zu zwei Monate lagern.

Bei der Zubereitung muss der Pelz der Quitten mithilfe eines Tuches gründlich abgerieben werden, da er viele Bitterstoffe enthält. Dann kann die Frucht geschält oder ungeschält verwendet werden.

Aus der Quitte kann man Konfitüre, Kompott, Mus, Saft und Gelee, Likör oder Schnaps herstellen. Gebacken eignet sie sich als Dessert oder als Beilage zu Fleisch. Quittenbrot ist eine Süßigkeit aus eingedicktem Quittenmus mit Zucker, das im Backofen gedörrt und anschließend in 2 bis 3 cm große Rauten geschnitten und in Zucker gewendet wird. Es ist im Handel fast nicht erhältlich, in spanisch und portugisisch sprachigen Ländern ist Dulce de membrillo dagegen eine verbreitete traditionelle Weihnachts- oder Wintersüßigkeit.

Möhren-Konfitüre

Zutaten: 1 kg Möhren, 2 Birnen, 1 kg Gelierzucker 1+1, 8 ml Zitronensaft, 1 Vanilleschote, 2 Zimtstangen

5 Twist-Off-Gläser à 250 ml

So geht's:
- Die Möhren schälen und in feine Scheiben schneiden. Die Birnen schälen, vierteln, entkernen, in Scheiben schneiden und mit 100 g Gelierzucker in den Mixer geben und fein pürieren.
- Alle Zutaten mischen und ruhen lassen, bis sie im eigenen Saft liegen. In einen weiten Topf geben und bei mittlerer Hitze unter Rühren köcheln lassen, bis die Möhren weich und glasig sind. Vanilleschote und Zimtstangen entfernen.
- Die Konfitüre kochend heiß in die Gläser füllen. Verschließen und auf den Deckeln stehend abkühlen lassen.

Holunderbeeren in Apfelsaft

Die Holunderbeeren als Kompott servieren, beispielsweise mit schaumig gerührter Creme aus Frischkäse, zermuster Banane und gehackten Nüssen.

1. Die Holunderbeeren durch kaltes Wasser schwenken, von den Dolden streifen und dabei die unreifen Beeren wegwerfen.

2. Die Beeren mit dem Zucker mischen, zudecken und über Nacht Saft ziehen lassen. Danach in eine Siebschüssel geben und abtropfen lassen.

3. Gläser oder weithalsige Flaschen mit Beeren füllen. Holundersaft und Apfelsaft mischen und über die Beeren gießen. Gleichmäßig verteilen, damit der Flüssigkeitspegel in allen Gläsern auf gleicher Höhe steht. Die Gläser verschließen, in kaltes Wasser setzen, langsam erhitzen, und die Beeren einkochen.

Zutaten
3 kg Holunderbeeren (netto)
250 g Gelierzucker 2 + 1
1,5 l Apfelsaft

Schwierigkeitsgrad
einfach

Einkochzeit
20 Minuten bei 80 °C

Hilfsmittel
7 Einkochgläser zu je 500 ml

Ergibt
etwa 3,5 l

Haltbarkeit
12 Monate bei 1–20 °C

Holunder

Pikante Holunderbeeren

Zutaten

1 kg Holunderbeeren
450 g brauner Zucker
½ l Rotweinessig
1 cm frischer Ingwer
1 TL schwarze Pfefferkörner
4 Pimentkörner
4 Gewürznelken
1 EL frisch geriebener Meerrettich
1 Msp. Muskatblüte (Macis)

Schwierigkeitsgrad
mittel

Einkochzeit
20 Minuten bei 80 °C

Hilfsmittel
3 Einmachgläser à 0,5 l

Ergibt
etwa 1,5 l

Haltbarkeit
12 Monate bei 1–20 °C

Diese Beeren sind eine schmackhafte Ergänzung zu Wurst und Käse sowie zu Fleischgerichten.

1 Die Beeren verlesen, waschen, gut abtropfen lassen und von den Stielen lösen.

2 Die Holunderbeeren mit dem Zucker mischen und in die Gläser geben.

3 Den Weinessig mit dem geschälten Ingwer und den Gewürzen 10 Minuten sprudelnd kochen, dann leicht abkühlen lassen. Den Sud durch ein Sieb auf die Gläser verteilen.

4 Die Gläser verschließen und einkochen.

Apfelgelee

Varianten dieses Gelees können mit frischem Ingwer, Zitrone oder Weißwein zubereitet werden oder mit Kardamom, Zimt, Nelken oder Anis, die im Ganzen mitgekocht und vor dem Abfüllen entnommen werden.

1. Die Äpfel ohne Zuckerzusatz durch Kochen oder im Dampfentsafter entsaften.

2. Pro Liter Apfelsaft mit 400 g Zucker verrühren und 5 Minuten sprudelnd kochen. Schaum abheben, solange er grob und grau ist. Erneut 400 g Zucker hinzufügen. Umrühren und lebhaft kochen lassen, bis die Gelierprobe gelingt.

3. Das Apfelgelee kochend heiß in warme Gläser füllen und verschließen.

Zutaten
2 kg unreife Äpfel
1 kg Zucker

Schwierigkeitsgrad
einfach

Einkochzeit
keine

Hilfsmittel
6 Twist-Off-Gläser zu je 250 ml

Ergibt
etwa 1,5 l

Haltbarkeit
12 Monate bei 1–18 °C

Apfellikör

Zutaten
1 kg mürbe Äpfel (2 l Saft)
1 kg Zucker
500 ml Apfelbranntwein

 Schwierigkeitsgrad
sehr einfach

 Reifezeit
6 bis 8 Wochen

 Hilfsmittel
6 Flaschen zu je 500 ml

 Ergibt
etwa 3 l

 Haltbarkeit
5 Monate bei 10–18 °C

Ein leckeres Gewürz für heißen Tee oder wunderbar wärmend, wenn er mit heißer Milch gemischt wird.

1 Die Äpfel zerkleinern und die Apfelstücke pro kg mit 1 l Wasser bedecken und knapp unter dem Siedepunkt 60 Minuten ziehen lassen. Im Mulltuch abtropfen lassen und die Rückstände auspressen.

2 Den Saft pro Liter mit 500 g Zucker aufkochen und nach dem Abkühlen mit 250 ml Apfelbranntwein mischen. In Flaschen füllen, verkorken und einige Wochen reifen lassen.

Apfel in Calvados

Diesen Apfel kann man pur, mit Vanillesauce, mit Schlagsahne oder Walnuss-Eiscreme genießen.

1 Die Äpfel schälen, vierteln und die Kerngehäuse an ihrem äußeren Rand bogenförmig ausschneiden. Große Äpfel achteln.

2 Die Äpfel mit der Rundung nach außen fest in Gläser schichten. Je 1 TL Zitronensaft, 2 Wacholderbeeren und 100 g Zucker in das Glas mit hineingeben.

3 Die Gläser so mit Calvados füllen, dass die Äpfel bedeckt sind. Fest verschließen und mindestens zwei Monate reifen lassen.

Zutaten

- 700 g reife, mürbe Äpfel
- 3 TL Zitronensaft
- 6 Wacholderbeeren
- 300 g Zucker
- 700 ml 40 %iger Calvados

Schwierigkeitsgrad
sehr einfach

Reifezeit
2 Monate

Hilfsmittel
3 Twist-Off-Gläser zu je 500 ml

Ergibt
etwa 1,5 l

Haltbarkeit
8 Monate bei 1–15 °C

Apfelkompott

Zutaten

3,8 kg Äpfel

2 EL weißer Essig

2 unbehandelte Zitronen

200 g Gelierzucker 1+1

125 g helle Rosinen

50 g Mandelblättchen

Schwierigkeitsgrad
einfach

Einkochzeit
30 Minuten bei 90 °C

Hilfsmittel
7 Einkochgläser zu je 750 ml

Ergibt
etwa 5,25 l

Haltbarkeit
12 Monate bei 1–20 °C

Apfelkompott schmeckt pur, als Tortenbelag, zu Quark und in Pfannkuchen.

1 Die Äpfel schälen, vierteln, entkernen und in Spalten schneiden. Nur so lange wie nötig in kaltes, säuerliches Wasser legen.

2 Die gelbe Schale der Zitronen dünn abschälen, bündeln und in hauchdünne Streifen schneiden. Mit Zitronensaft, Gelierzucker und 1,25 l Wasser mischen und aufkochen.

3 Die Äpfel im Sieb abtropfen lassen. Mit Rosinen und Mandeln in Gläser schichten und zusammendrücken. Den Aufguss kochend heiß über die Äpfel gießen, bis sie bedeckt sind. Die Gläser verschließen, knapp mit heißem Wasser bedecken und bei mäßiger Hitze einkochen.

Apfelbutter

Der Name sagt's: Es ist ein Aufstrich, der Butter entbehrlich macht.

1. Äpfel waschen und bei 175 °C backen, bis sie weich und etwas schrumplig sind. Je nach Größe dauert dies 40 bis 60 Minuten.

2. Noch heiß durch die „Flotte Lotte" drehen. Im Bräter mit den anderen Zutaten mischen und bei 150 °C im Backofen weiter Flüssigkeit verdampfen lassen. Das Mus ist fertig, wenn es streichfähig wie weiche Butter ist und nichts Wässriges mehr absondert.

3. Das Mus abschmecken, kochend heiß in Gläser löffeln und zusammendrücken, damit keine Luftblasen eingeschlossen werden.

4. Die Gläser auf den Rost setzen und zurück in den Ofen stellen. Entnehmen, wenn das Mus eine Haut gebildet hat. Dann sofort zuschrauben.

Zutaten

- 1,5 kg saure Äpfel oder Fallobst
- 500 ml Apfelessig
- 250 g Zucker
- 2 EL Melasse, Sirup oder Honig
- ¼ TL Nelkenpulver
- ¼ TL Salz
- ½ TL Zimt
- ½ TL Piment

Schwierigkeitsgrad
mittel

Einkochzeit
keine

Hilfsmittel
6 Twist-Off-Gläser zu je 250 ml

Ergibt
etwa 1,5 l

Haltbarkeit
8 Monate bei 1–18 °C

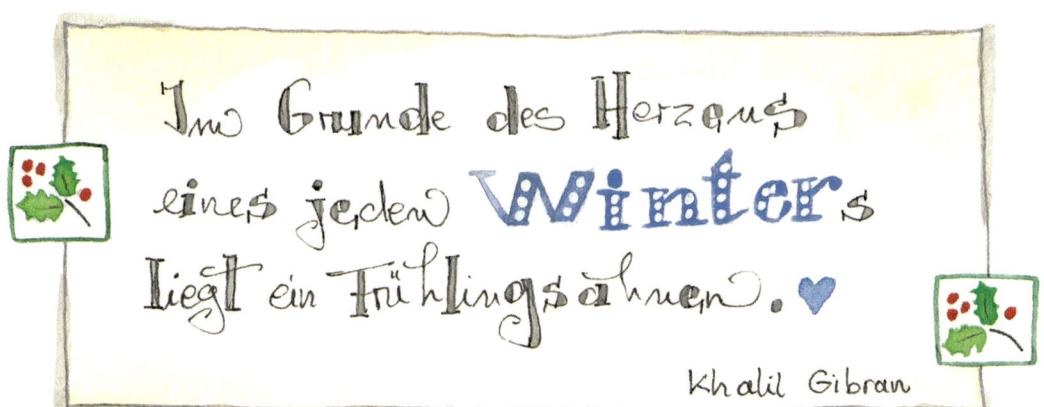

Im Grunde des Herzens
eines jeden Winters
liegt ein Frühlingsahnen.

Khalil Gibran

Äpfel trocknen

Zutaten
5 kg Äpfel

 Schwierigkeitsgrad
sehr einfach

 Trockenzeit
vom Wetter abhängig, im Ofen bis ca. 12 Stunden

 Hilfsmittel
luftdichte Behälter

 Ergibt
etwa 700 g

 Lagerung
trocken und dunkel

Äpfel mit oder ohne Schale verarbeiten. Getrocknete Apfelscheiben sind eine gesunde und leckere Knabberei.

1 Vollreife, mürbe Äpfel (die wenig Saft enthalten) verwenden. Kurz waschen und abtrocknen.

2 Äpfel nebeneinander kühl und luftig lagern, bis sie ganz mürbe, aber noch glatt sind. Mit dem Sparschäler abziehen und die Kerngehäuse mit einem Ausstecher herausbohren.

3 Die Äpfel in 1 cm dicke Ringe schneiden, auf Bindfäden reihen und aufspannen, wo es schattig ist und zieht. Täglich kontrollieren und lockern, wenn sich die Apfelscheiben gegenseitig berühren.

Apfelschmalz

Eine Delikatesse auf kräftigem Landbrot. Eventuell mit Salz bestreuen.

Zutaten
500 g Schweinefett (Flomen)
250 g Gänsefett
250 g frischer fetter Schweinespeck
100 g magerer Räucherspeck
4 Wacholderbeeren
4 Zweige Beifuß
2 Zweige Majoran
800 g mürbe Äpfel (Boskop)
200 g Zwiebeln

Schwierigkeitsgrad
einfach

Einkochzeit
keine

Hilfsmittel
6 Steinguttöpfe zu je 300 ml

Ergibt
etwa 1,8 l

Haltbarkeit
6 Monate bei 1–15 °C

1 Flomen und Gänsefett wässern, bis das Wasser klar bleibt. Fett und Speck in ½ cm große Würfel schneiden. Mit 125 ml Wasser und den Gewürzen bei mäßiger Hitze brutzeln, bis die Grieben gelb sind.

2 Äpfel und Zwiebeln schälen und ½ cm groß würfeln. In kleinen Portionen zum Fett geben. Zuerst die Zwiebeln, dann die Äpfel. Hell bräunen.

3 Die Gewürze entnehmen, ausdrücken und wegwerfen. Apfelschmalz heiß in Töpfe schöpfen und erkalten lassen. Die Zutaten sollen unter einer Schicht reinem Fett versinken, damit das Schmalz haltbar ist.

Orangenmarmelade

Zutaten
4 Sevilla-Orangen (500 ml Saft)
4 Blutorangen (500 ml Saft)
130 g Orangenschalen
100 g Zucker
1,3 kg Gelierzucker 1+1

 Schwierigkeitsgrad
einfach

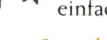 *Einkochzeit*
keine

 Hilfsmittel
8 Gläser zu je 250 ml

 Ergibt
etwa 2 l

 Haltbarkeit
12 Monate bei 1–20 °C

Eine etwas kräftigere Variante erhält man mit diesem Rezept: 1 süße Orange, 6 Sevilla-Orangen und 1 Zitrone überbrühen, abtrocknen, fein schneiden, entkernen und mit kaltem Wasser bedecken. Am nächsten Tag 30 Minuten kochen, am übernächsten Tag mit dem gleichen Gewicht Zucker 80 Minuten kochen.

1 Die etwas bitteren Sevilla-Orangen mit ihrer von Kratern gezeichneten Schale und die Blutorangen (Januar bis April) dünn abschälen, 130 g Schale abwiegen.

2 Die Schalen nadelfein schneiden, mit Wasser bedecken, aufkochen und ins Sieb schütten. Zucker und 100 ml Wasser klar kochen. Die Schalen beifügen und 10 Minuten kochen.

3 Die Orangen auspressen und 1 l Saft abmessen. Mit dem Gelierzucker mischen, bei mittlerer Hitze rühren und zum Sprudeln bringen. 4 Minuten schäumend kochen.

4 Die Schalen samt Sud zur Marmelade geben, verrühren und gründlich durchkochen. Die Marmelade kochend heiß abfüllen und verschließen.

Orangen-Kumquat-Chutney

Dieses Chutney passt wunderbar zur Käseplatte, zu gegrilltem Geflügel und als fruchtige Zutat bei der Herstellung von Salatsaucen.

Zutaten
3 Orangen
80 g Kumquats
50 g Rosinen
200 g Zucker
⅛ l Obstessig
gemahlener Ingwer
frisch geriebene Muskatnuss

Schwierigkeitsgrad
mittel

Einkochzeit
keine

Hilfsmittel
2 Einmachgläser à 0,2 l

Ergibt
etwa 0,4 l

Haltbarkeit
4 Monate bei 1–8 °C

1 Die gewaschenen Orangen schälen, dabei auch die weiße Haut sorgfältig entfernen. Die Fruchtfilets aus den Trennhäutchen schneiden, den Saft dabei auffangen.

2 Die Kumquats waschen, abreiben und in Scheiben schneiden.

3 Die Früchte mit dem Orangensaft und den übrigen Zutaten zum Kochen bringen. Bei geringer Hitzezufuhr sirupartig einkochen lassen.

4 Das Chutney heiß in die Gläser einfüllen, die Gläser sofort verschließen und kühl aufbewahren.

Rotes Gelee aus Orangen

Zutaten

10–12 Blutorangen

ca. 1,5 kg Gelierzucker 1+1

100 ml Arrak oder Kirschwasser

Schwierigkeitsgrad
sehr einfach

Einkochzeit
keine

Hilfsmittel
5 Twist-Off-Gläser
zu je 350 ml

Ergibt
etwa 1,75 l

Haltbarkeit
12 Monate bei 1–18 °C

Dieses Gelee ist ein leuchtendes Highlight auf dem Frühstückstisch.

1 Die Orangen halbieren und auspressen. Den Saft durch ein Sieb gießen. Weiche Rückstände ohne Kerne durch das Sieb reiben. Zum Saft geben und abmessen.

2 Das Maß mit 1,5 multiplizieren, also für 1 l Saft 1,5 kg Gelierzucker nehmen. Beides mischen, bei Mittelhitze rühren und 4 Minuten sprudelnd kochen.

3 Den Schnaps einrühren und einmal aufwallen lassen. Das Gelee kochend heiß in Gläser füllen, zuschrauben und auf die Deckel stellen, bis es kalt ist.

Orangensauce

Beispielsweise Crêpes darin schwenkend erhitzen, mit Vanille-Eiscreme und Kompottfrüchten wie Pfirsich, Apfel und Birne anrichten. Die kräftig süß-saure Sauce passt auch gut zu mildem Sahnereis und Nachspeisen, die höchstens eine Spur Zucker enthalten.

Zutaten

6 unbehandelte Orangen (1,2 l Saft)

500 g Gelierzucker

150 ml Orangenlikör

Schwierigkeitsgrad
einfach

Einkochzeit
20 Minuten bei 80 °C

Hilfsmittel
6 Twist-Off-Gläser zu je 370 ml

Ergibt
etwa 2,2 l

Haltbarkeit
12 Monate bei 1–20 °C

1 Die Orangen heiß waschen, abtrocknen und hauchdünn schälen. Die Schalen in Wasser aufkochen, ins Sieb geben und abtropfen lassen. Kochwasser wegschütten.

2 Den Saft aller Orangen auspressen und durch ein feines Sieb laufen lassen. Die Rückstände mit 100 ml Wasser aufkochen, durch ein Tuch gießen und auspressen.

3 Die gekochten Schalen nadelfein schneiden, bündeln und winzig würfeln.

4 Schalen, Saft, Orangenwasser und Zucker mischen und 5 Minuten kochen. Mit dem Likör mischen und abschmecken. In Gläser füllen, verschließen, in heißes Wasser setzen und einkochen.

CAmpari-SoRBet

Camparisorbet

Bei Bedarf in eine Rührschüssel umfüllen und einige Stunden ins Eiswürfelfach stellen. Mit dem Schneebesen schaumig rühren oder in die Eismaschine geben, die mit rotierenden Flügeln schneidend arbeitet und mehr Volumen bringt. In den gekühlten Spritzbeutel geben und durch die Sterntülle kreisend in eiskalte Gläser füllen.

1. Die Schale einer unbehandelten Orange in dünnen Streifen abschälen. Mit 100 g Zucker und Wein 5 Minuten kochen. Orangen und Limette auspressen. Den Saft beifügen und aufkochen. Abkühlen lassen.

2. Eiweiß und restlichen Zucker verschlagen, in ein 80 °C heißes Wasserbad setzen und steif schlagen. In ein kaltes Wasserbad setzen und weiter schlagen, bis der Schnee abgekühlt ist.

3. Den Orangensud durch ein Sieb laufen lassen. Mit Campari mischen, auf den Schnee geben und unterziehen. Portionieren und einfrieren.

Zutaten

3 Sevilla-Orangen, 1 davon unbehandelt (400 ml Saft)
150 g Zucker
200 ml Weißwein
1 Limette
2 Eiweiße
90 ml Campari Bitter

Schwierigkeitsgrad
einfach

Einkochzeit
keine

Hilfsmittel
TK-Schalen

Ergibt
etwa 850 ml
(ca. 8 Portionen)

Haltbarkeit
4 Monate bei −18 °C

Tee- und Grog-Essenz

Zutaten
2 unbehandelte Zitronen
2 unbehandelte Orangen
2 Zimtstangen
1 EL Nelken
700 g brauner Kandiszucker
700 ml Rum

Schwierigkeitsgrad
einfach

Ziehzeit
24 Stunden

Hilfsmittel
2 Flaschen zu je 500 ml

Ergibt
etwa 1 l

Haltbarkeit
6 Monate bei 18–20 °C

Ein leckeres Gewürz für Tee oder heißes Wasser.

1 Die Zitrusfrüchte heiß waschen und im Tuch abtrocknen. Mit dem Sparschäler abziehen, sodass nichts Weißes an der Schale bleibt.

2 Zitronen und Orangen halbieren und auspressen. Saft, Schalen, Zimt, Nelken und Zucker mischen. Zudecken.

3 Am nächsten Tag bei schwacher Hitze 10 Minuten perlend kochen. Durch ein Teesieb laufen lassen. Mit Rum mischen und in die Flaschen füllen.

Geleekonfekt

Als besonderes Geschenk und als feine, fettfreie Süßigkeit gerade in der Weihnachtszeit sehr beliebt.

Zutaten
500 ml ungesüßter Fruchtsaft
1 kg Gelierzucker 1+1
Hagelzucker zum Wenden

Schwierigkeitsgrad
einfach

Reifezeit
2 Tage

Menge
65 Stück zu je 20 g

Ergibt
etwa 1,3 kg

Haltbarkeit
8 Monate bei 1–18 °C

1 Für den Saft zum Beispiel Äpfel, Preiselbeeren und grüne Stachelbeeren durch den elektrischen Entsafter treiben. Rote und schwarze Johannisbeeren sowie saure Kirschen entsteint im Mixer pürieren. Auf diese Weise Säfte in verschiedenen Farben herstellen und durch ein feines Sieb passieren.

2 Gelierzucker und Saft mischen und warten, bis sich die Kristalle aufgelöst haben. Danach bei mäßiger Hitze und unter häufigem Umrühren 10 Minuten kochen lassen. Den dickflüssigen Saft in eine flache Schale gießen, abkühlen lassen, zudecken und kühl stellen.

3 Nach 2 Tagen das feste Gelee in Würfel, Rauten oder Dreiecke schneiden, die 2 bis 3 cm groß sind. In Hagelzucker wenden, bis er gleichmäßig verteilt ist. Auslegen und bei Zimmertemperatur trocknen lassen.

4 Das fertige Konfekt zwischen Zellophan in Gläser oder Dosen schichten und verschließen.

Früchtekonfekt

Zutaten

3,5 kg Kernobst
4 Vanilleschoten
3 kg Gelierzucker 1+1
Zitronensaft zum Abschmecken
300 g Zucker

 Schwierigkeitsgrad
einfach

 Reifezeit
24 Stunden

 Hilfsmittel
luftdichte Behälter

 Ergibt
etwa 4,5 kg

 Lagerung
kühl und trocken

Zum Naschen und zum Verschenken

1 Äpfel, Birnen und/oder Quitten waschen und auf ein Gitter geben, das mit Backpapier ausgelegt ist. Vanilleschoten spalten und das Mark abschaben. Die Schoten zum Obst geben. In den Ofen schieben und bei 175 °C backen.

2 Nach 60 Minuten das Obst in kaltem Wasser abschrecken. Noch warm auf ein Tuch legen, damit es schnell wieder trocken ist. Vierteln und das Fleisch von Schale und Kerngehäuse schaben.

3 Fruchtfleisch, Vanillemark und Gelierzucker in einen weiten, flachen Topf füllen und bei mittlerer Hitze rühren. 4 Minuten kochen und mit Zitronensaft süß-sauer abschmecken. Im kalten Wasserbad weiter rühren, bis die Masse nicht mehr heiß ist. Auf Folie häufen, darin einschlagen, zum Ziegel formen und 2 cm dick ausrollen. Offen und zimmerwarm ruhen lassen.

4 Am nächsten Tag das feste Mus in Streifen schneiden. Mit einem Messerrücken oder einer Gabel ein Muster prägen.

5 Die getrockneten Vanilleschoten klein schneiden und mit 300 g Zucker mischen. 2 Portionen nacheinander in den Mixer schütten und in einigen Schüben fein mahlen. Das Konfekt darin wenden und dünn bestäuben. Zwischen Seidenpapier oder Zellophan in Dosen stapeln.

Aprikosenkonfekt

Fruchtkonfekt lässt sich in luftdicht verschlossenen Dosen gut aufbewahren. Legen Sie Pergament- oder Wachspapier zwischen die einzelnen Lagen.

1. Die getrockneten Aprikosen sehr fein hacken. In eine Schüssel geben und nach und nach mit dem Puderzucker verkneten. Koriander und Rum zugeben und alles zusammen so lange kneten, bis ein fester Teig entstanden ist.

2. Aus diesem Teig Kugeln formen und in Puderzucker wälzen, bis sie gleichmäßig überzogen sind.

3. Jede Konfektkugel mit einer Pistazie dekorieren und über Nacht an einem warmen Ort trocknen lassen.

4. Das Konfekt in die Pralinenkapseln geben und in einer Dose aufbewahren.

Zutaten
200 g getrocknete Aprikosen
100 g Puderzucker
1 EL gemahlener Koriander
3 EL Rum
Puderzucker
Pistazien zur Dekoration
Pralinenkapseln

 Schwierigkeitsgrad
einfach

 Einkochzeit
keine

 Hilfsmittel
Pralinenkapseln, luftdicht schließende Dose

 Ergibt
etwa 300 g

 Haltbarkeit
3 Monate bei 1–20 °C

Datteln mit Marzipan

Zutaten

400 g Mandeln ohne Schale
16 EL fester Honig
4 EL Rosenwasser
 (Apotheke oder Gewürzladen)
1 kg frische Datteln
Puderzucker
Vanillezucker

 Schwierigkeitsgrad
einfach

 Einkochzeit
keine

 Hilfsmittel
Dosen

 Ergibt
etwa 50 Datteln

 Haltbarkeit
6 Monate bei 1–18 °C

Für die Füllung der Datteln eignen sich auch Haselnüsse und Walnüsse. Diese mit dem gleichen Gewicht Zucker bei schwacher Hitze rührend erwärmen, bis die Masse nicht mehr an den Fingern klebt. Mit etwas Puderzucker geschmeidig kneten. Mit Kaffee, Kakao und Schalen von Zitrusfrüchten sparsam würzen, um das Aroma der Nüsse nicht zu übertönen.

1 Mandeln in Wasser aufkochen, abgießen, in kaltem Wasser spülen und aus den braunen Häuten drücken. Auf einem Tuch sammeln und abtrocknen. Die weißen Mandelkerne durch eine Mühle drehen oder mit dem Mixer in 4 Portionen nacheinander in wenigen Intervallen fein zerkleinern – nicht länger als nötig mixen.

3 Je 50 g gemahlene Mandeln, 2 EL Honig und etwas Rosenwasser in einen großen Mörser geben und zu Marzipan zerstoßen. Zum glatten Ball kneten und mit Folie umspannen. Vielleicht in einen Plastikbeutel hüllen und im Kühlschrank zwischenlagern.

4 Die Datteln entstielen, längs aufschneiden, entsteinen und die Pergamenthaut abziehen. Marzipan in der Folie zur Rolle formen, auf Puderzuckerstaub legen und dünner rollen. In Stücke gleicher Größer schneiden – für jede Dattel ein Stück.

5 Die kleinen Stücke Marzipan auf Puderzuckerstaub zuerst mit der Hand kreisend rund, dann vor und zurück rollen und so länglich formen.

6 Die Datteln mit dem Marzipan füllen und behutsam zusammendrücken, damit das Marzipan sich an die Hohlräume schmiegt. Die Datteln werden so dicker als vorher. Der Einschnitt klafft auseinander und wird von Marzipan ausgefüllt. Die gefüllten Datteln in Vanillezucker wenden, zwischen Klarsichtfolie verpacken und verschließen.

Marzipan

Marzipan – das Haremskonfekt aus dem Orient

Marzipan kam im Mittelalter mit den Arabern nach Europa. Im 14. Jahrhundert war Marzipan beim europäischen Adel als Konfekt sehr beliebt.

Es wurde zunächst wie andere Süßwaren von Apothekern hergestellt. In dieser Zeit wurde der aus Mandeln, Zucker und Rosenwasser hergestellte Süßteig als Arzneimittel gegen Verstopfungen, Blähungen sowie als Potenzmittel verkauft.

Marzipan besteht aus Marzipanrohmasse und höchstens dem gleichen Gewichtsanteil Zucker. Marzipanrohmasse wird aus gemahlenen Mandeln unter Zugabe von Zucker „geröstet", bis eine kompakte Masse entsteht. Die genaue Zusammensetzung, der Anteil von Süß- und Bittermandeln, der Zuckergehalt, die Zusatzstoffe wie Rosenwasser variieren und sind in der Regel Betriebsgeheimnis.

Je weniger Zucker, desto feiner ist die Qualität

- Niederegger Marzipan besteht zu 100 % aus feinster Marzipanrohmasse.

- Lübecker Edelmarzipan setzt sich aus 90 % Marzipanrohmasse und 10 % Zucker zusammen.

- Edelmarzipan wie Lübecker Marzipan enthält 70 % Marzipanrohmasse und wird mit einem Zuckeranteil von 30 % verarbeitet.

- Königsberger Marzipan wird meist aus Edelmarzipan hergestellt und erhält durch das Abflämmen der Oberfläche eine charakteristische gelblich-bräunliche Farbe.

- Konsummarzipan wird aus 50 % Rohmasse und weiteren 50 % Zucker hergestellt.

Ingwerwürfel

Zutaten

500 g Äpfel

500 g frischer Ingwer

2 unbehandelte Zitronen

900 g Gelierzucker 1+1

Schwierigkeitsgrad
einfach

Ziehzeit
24 Stunden, 48 Stunden

Hilfsmittel
Dosen

Ergibt
etwa 70 Stück zu je 20 g

Haltbarkeit
8 Monate bei 1–18 °C

Eine süß-scharfe und gesunde Leckerei.

1. Äpfel und Ingwer waschen und klein schneiden. Mit der dünn abgeschälten Schale einer Zitrone, dem Saft beider Zitronen sowie 400 g Gelierzucker mischen. Stehen lassen und gelegentlich rühren, bis sich die Kristalle aufgelöst haben.

2. Am nächsten Tag bei mäßiger Hitze rühren und kochen, bis die Äpfel zerfallen. Durch ein Sieb passieren und trockene Rückstände wegwerfen.

3. Das Mus mit 500 g Gelierzucker mischen, bei mäßiger Hitze rühren und schwach sprudelnd kochen, bis es nach etwa 15 Minuten dick ist. Beiseitestellen und mit dem Löffel durchfahren, bis es streichfähig ist. Zwischen einer Folie 2 cm dick rollen und offen ruhen lassen.

4. Nach 2 Tagen ist die Paste fest. In Würfel schneiden, nach Belieben in Zucker drehen, auf Gitter legen und trocknen lassen. In luftdicht verschlossenen Behältern aufbewahren.

70 x à 20g

Krokant

Krokant erst bei Bedarf grob zerhacken und feiner rollen. Die feinen bis großen Krümel als schmackhaften Schmuck nutzen: auf Kuchen rieseln lassen, an Tortenränder werfen und auf Desserts streuen.

Zutaten

200 g Haselnusskerne
200 g Walnusskerne
Öl zum Einfetten
500 g Zucker

1. Nur Nüsse verwenden, die weich sind und frisch riechen. Die Haselnüsse bei Mittelhitze oft schwenkend in einer Pfanne anrösten, in ein grobes Sieb geben und etwas reiben, bis die meiste Schale durch die Maschen gefallen ist. Die Walnüsse grob hacken. Ein Blech mit Öl einfetten.

2. Zucker bei mäßiger Hitze erwärmen und erst rühren, wenn er zu schmelzen beginnt. Goldbraun werden lassen.

3. Oder den Zucker mit 80 ml Wasser mischen und bei mäßiger Hitze zu goldenem Sirup kochen – er wird sehr heiß und muss rechtzeitig von der Herdplatte genommen werden.

4. Sobald der Karamell bzw. Sirup den richtigen Ton erreicht hat, die Pfanne an die Seite rücken und die Nüsse kraftvoll und schnell darunter rühren, bevor alles zäh wird und erstarrt. Die Masse auf das Blech geben, flink glatt und flach rollen. Hart und kalt werden lassen.

5. Krokant in Portionen brechen, einpacken und gut verschlossen aufbewahren.

Schwierigkeitsgrad
einfach

Einkochzeit
keine

Hilfsmittel
Dosen

Ergibt
6 Portionen zu je 150 g

Haltbarkeit
6 Monate

Hagebuttenmus

Zutaten

2 kg kleine Hagebutten
250 ml Weißwein oder Portwein

Schwierigkeitsgrad
einfach

Einkochzeit
20 Minuten bei 90 °C

Hilfsmittel
7 Einkochgläser
zu je 250 ml

Ergibt
etwa 1,75 l

Haltbarkeit
12 Monate bei 1–20 °C

Das Mus ins Müsli mischen oder mit Milch mixen. Auch beliebig süß einkochen, um es als Brotaufstrich zu verwenden.

1 Die roten Hagebutten sammeln. Stiele und Blüten abschneiden. Die Früchte aufschneiden, die Kerne entfernen – dabei mit dünnen Handschuhen arbeiten, weil die Härchen zwischen den Kernen starkes Jucken verursachen.

2 Die Hagebutten waschen, mit dem Wein in ein hohes Gefäß geben, zudecken und kühl stellen. Täglich umrühren, nach 8 Tagen pürieren und durch ein Sieb streichen.

3 Das Hagebuttenmus bis 2 cm unter den Rand in Gläser geben, verschließen, in kaltem Wasser langsam erhitzen und einkochen.

HagebuttenSaft

Zutaten: 4 kg Hagebutten, 1 l Apfelsaft, Saft von 2 Zitronen, ca. 800 g Zucker ♥

1. .... Stiele und Blütenkronen der Hagebutten abschneiden. Dünne Haushaltshandschuhe anziehen, um die Früchte zu halbieren, auszuschaben und zu waschen.

2. .... Hagebutten mit Apfel- und Zitronensaft aufsetzen und erhitzen. Leicht sprudelnd kochen, zudecken und bis zum nächsten Tag an einen kühlen Platz stellen.

3. .... Ein Tuch in eine Siebschüssel legen, die Hagebutten hineingeben und den Saft in ein Gefäß ablaufen lassen. Das Tuch über den Früchten zusammendrehen und den restlichen Saft auspressen.

4. .... Saft und Zucker aufkochen und abschmecken. Mehr Zucker zufügen, wenn der Saft noch zu sauer ist. Kochend heiß in sterile Flaschen füllen und verschließen.

Schlehenmarmelade

Zutaten
1 kg Schlehen
⅛ l Wasser
½ l Weißwein
375 g Zucker

Diese Marmelade regt die Magensaftproduktion an, hilft gegen Appetitlosigkeit und ist besonders wirksam am Morgen – ein Mittel für „Frühstücksmuffel". Schlehenbeeren schmecken übrigens erst dann richtig, wenn sie einmal Frost bekommen haben – das geht auch in der Gefriertruhe.

Schwierigkeitsgrad
einfach

Einkochzeit
keine

Hilfsmittel
5 Twist-Off-Gläser zu je 250 ml

Ergibt
etwa 1,25 l

Haltbarkeit
12 Monate bei 1–20 °C

1 Die Beeren waschen und über Nacht in kaltes Wasser legen, das am nächsten Morgen abgegossen wird.

2 Pro 1 kg Beeren ¼ l Weißwein und ⅛ l Wasser zugeben, weich kochen und durch ein Sieb streichen.

3 Je 1 kg Schlehenbrei noch einmal ¼ l Weißwein zugeben, außerdem 375 g Zucker. Kochen bis zur Marmeladenprobe.

4 Die Marmelade sofort in Gläser füllen und verschließen. Auf einem feuchten Tuch mit dem Deckel nach unten stellen, mit einem trockenen Handtuch abdecken, ganz erkalten lassen. Dann wieder umdrehen. Solange die Luftblase sich unten im Glas befindet, ist es in Ordnung, sonst zügig verbrauchen.

Schlehenfeuer

Zum Verschenken sieht es auch schön aus, wenn man einige Schlehen in die Flasche gibt.

Zutaten
200 g Schlehen, geputzt
200 g Kandiszucker
1 Vanilleschote
1 Flasche Schnaps (Korn)

 Schwierigkeitsgrad
sehr einfach

 Ziehzeit
2 Monate

 Hilfsmittel
1 verschließbares Glas

 Ergibt
etwa 500 ml

 Haltbarkeit
12 Monate bei 1–20 °C

1. Die Zutaten in ein Glas geben, verschließen und hin und wieder schütteln.

2. Bis zum Verzehr ca. 2 Monate stehen lassen, nach der Zeit filtern und in Flaschen geben.

Den Sommer genießen
... bis in den Winter hinein

Wenn der Sommer im Land ist, wird auch das Angebot an Früchten immer verführerischer: Frisch, farbenfroh und aromatisch präsentiert es sich auf den Märkten und im Laden, bei der Ernte auf den Selbstpflückfeldern oder im eigenen Garten.

Diese Pracht wird natürlich schnell frisch verzehrt, aber ist es nicht auch wunderbar, im Winter noch ein Glas der selbst gemachten Marmelade zu genießen, die getrockneten Apfelringe zu knabbern oder den eigenen Himbeersirup zum Dessert zu reichen? Alles Produkte, die Sie ganz nach eigenen Wünschen zubereitet haben, ohne Farb- und Konservierungsstoffe, ohne Emulgatoren und Geschmacksverstärker.

Es gibt viele Arten, Obst, Gemüse, Nüsse oder Kräuter zu konservieren. Das Einmachen und Einkochen, das Einlegen in Alkohol, Essig oder Öl, das Trocknen durch Wärme, Salz oder Zucker, das Entsaften. In diesem Buch finden Sie verschiedene Methoden des Haltbarmachens, die alle zu ganz wunderbaren Ergebnissen führen. Wichtig für die Qualität und die Haltbarkeit der Produkte sind die Grundstoffe: Nehmen Sie nur einwandfreie Früchte, arbeiten Sie sehr sauber und halten Sie die in den Rezepten vorgegebenen Temperaturen und Mengen ein.

Generell wird bei allen Methoden der Nährboden für Bakterien und Schimmelpilze beeinträchtigt. Denn Verderbnis beruht immer auf Wachstum von Mikroorganismen.

Marmelade, Konfitüre und Gelee herstellen

Die wesentliche Zutat bei der Herstellung von Konfitüre, Marmelade und Gelee ist der Zucker, denn in hoher Konzentration verhindert er das Wachstum von Bakterien, Hefen und Schimmelpilzen. Für eine gute Lagerfähigkeit sollte der Anteil an Zucker rund 65 % des Gesamtgewichtes der Marmelade betragen. Da Früchte in der Regel einen Gehalt an Eigenzucker von rund 10 bis 15 % haben, wird bei einer Mischung von gleichen Teilen Frucht und Zucker ein Zuckeranteil von 65 % erreicht. Gelierzucker 2:1 oder 3:1 enthalten in der Regel Konservierungsstoffe.

Die geputzten Früchte werden zunächst mit wenig Zucker gekocht. Sehr saftige, weiche Früchte wie Himbeeren kocht man ohne Zugabe von Wasser, bei festeren Früchten gibt man 1 bis 2 Esslöffel Wasser dazu. Köcheln Sie die Früchte bei niedriger Temperatur, bis sich Saft bildet, dann erhöhen Sie die Temperatur und kochen das Ganze, bis die Früchte weich sind. Nehmen Sie den Topf vom Herd, geben Sie den restlichen Zucker zu und rühren so lange, bis die Kristalle sich aufgelöst haben. Erst nachdem der Zucker sich vollständig aufgelöst hat, darf die Fruchtmasse kochen. Rühren Sie dabei gelegentlich um, damit nichts ansetzt. Die Masse soll so lange kochen, bis der Gelierpunkt erreicht ist – dies sollte mindestens 5, maximal 20 Minuten dauern.

Um zu erkennen, ob der Gelierpunkt erreicht ist, gibt es drei Methoden:

Sie können mit einem Zuckerthermometer die Temperatur des kochenden Fruchtbreis überprüfen – achten Sie dabei darauf, dass das Thermometer nicht den Topfboden berührt. Hat die Masse 105 °C erreicht, ist der Gelierpunkt erreicht und Sie können den Topf vom Herd nehmen.

Beim Fließtest tauchen Sie einen Löffel in die kochende Masse. Bleibt beim Herausnehmen ein kleiner Rest am Löffel haften, ist die Kochzeit beendet.

Bei der Gelierprobe entnehmen Sie dem Topf ein wenig der kochenden Masse und lassen sie auf einen kleinen Teller tropfen und abkühlen. Nach etwa 2 Minuten testen Sie die Masse mit dem Finger oder dem Stiel des Kochlöffels: wenn sich an der Oberfläche Falten bilden, ist die Marmelade fertig.

Gelierzucker ist hilfreich beim Einmachen, da er grobkörniger ist und sich langsamer auflöst, es geht aber auch mit normalem Haushaltszucker. Jedoch ist im Gelierzucker bereits das Geliermittel Pektin, das das Kochgut fest werden lässt, enthalten.

Auch wenn wir meist von „Marmelade" sprechen, so ist diese Bezeichnung gesetzlich auf die Zubereitungen mit Zitrusfrüchten beschränkt – Zubereitungen anderer Früchte werden als Konfitüre bezeichnet.

Einkochen, Einmachen

Beim traditionellen Einkochen wird das Kochgut in spezielle Gläser – die Weckgläser – gegeben. Die Gläser werden mit Gummiring und Deckel verschlossen und in einem Einkochtopf (oder auch in einem anderen großen Gefäß) erhitzt, bis alle Keime abgetötet sind. Dabei wird die Luft aus dem Glas herausgedrückt, es entsteht im Glas ein Unterdruck, der den Deckel so fest in den Gummiring drückt, dass auch beim Abkühlen keine keimbelastete Luft eindringen kann. Eingekochte Lebensmittel lassen sich zum Teil mehrere Jahre aufbewahren.

Das Einmachen ist eine schnellere Methode, doch da das Erhitzen weniger lang dauert, werden nicht alle Keime abgetötet, das Einmachgut ist daher nur maximal ein Jahr haltbar. Die Früchte werden dafür in einem Topf erhitzt und anschließend heiß in die Einmachgläser (zum Beispiel Marmeladengläser) gefüllt, der Schraubverschluss wird zugedreht und das Glas auf den Kopf gestellt zum Abkühlen.

Entsaften

Das Entsaften mit dem Dampfentsafter stellt eine gute Möglichkeit dar, schnell große Mengen zu verarbeiten und für längere Zeit haltbar zu machen: Das Obst wird gewaschen, Rhabarber in Stücke geschnitten, Kernobst geviertelt (mit Kerngehäuse), Steinobst entsteint, Beerenobst muss nicht entrappt werden. Zuckert man das Obst einige Stunden vor dem Entsaften, erhöht dies die Saftausbeute. Pro Kilogramm Obst rechnet man zwischen 100 und 200 g Zucker – zum Trinken sollte der Saft dann verdünnt werden. Die Entsaftungszeit liegt je nach Obstart zwischen 30 und 60 Minuten. Etwa 5 Minuten vor Beendigung des Entsaftens lässt man circa ½ l Saft ab und gibt ihn wieder über das Obst. Dadurch wird der Ablaufschlauch steril, und der Saft hat die gleiche Konzentration. Der heiße Saft wird in saubere Flaschen gefüllt, die mit Gummikappen oder Deckeln mit Drehverschlüssen sofort verschlossen werden. Verwendet man keinen oder nur geringe Zuckermengen (50 bis 100 g/l Saft), müssen die Flaschen zusätzlich 25 Minuten bei 75 °C sterilisiert werden.

Einlegen

Die bekannteste Art des Einlegens ist vielleicht der Rumtopf – hier wird das Obst mit Rum versetzt. Das geht natürlich auch mit anderen Spirituosen, mit unterschiedlichen Früchten und verschiedenen Gewürzen.

Auch Öl und Essig „versauern" den Mikroorganismen das Leben und sind daher für die Haltbarmachung von Lebensmitteln gut geeignet.

Trocknen/Dörren

Vollreife Früchte ohne Druck- und Faulstellen sind Voraussetzung für die beste Haltbarkeit und das beste Aroma. Zum Trocknen können die Früchte entsteint und halbiert werden, wodurch die Trockenzeit verkürzt wird, denn kleine Stücke

trocknen schneller. Die vorbereiteten Früchte werden auf Gitter oder Roste gelegt – achten Sie darauf, dass die Früchte nicht übereinanderliegen und sich möglichst wenig berühren. Wichtig ist, dass die Früchte bei einer konstanten Temperatur trocknen. Dies kann auf dem Dachboden, in Heizungsnähe oder auch in der Sonne geschehen, doch die einfachste Lösung ist das Trocknen im Backofen. Dazu beginnt man bei der niedrigsten Temperatur (30 °C) und steigert sie kontinuierlich bis auf 50 °C. Zwischendurch müssen die Roste kontrolliert, gedreht und vertauscht werden. Wer keinen Heißluftherd hat, sollte außerdem die Tür des Backofens einen Spalt breit öffnen, zum Beispiel einen Holzlöffel dazwischenklemmen, damit die feuchte Luft entweichen kann. Wie lange das Obst im Backofen bleiben muss, hängt von der Größe, der Dicke und dem Wassergehalt der jeweiligen Frucht ab. Der Vorgang dauert meist zwischen 6 und 12 Stunden, in einem konventionell beheizten Backofen teilweise auch länger. Ob die Früchte fertig sind, stellt man fest, indem man einige Stücke herausnimmt und abkühlen lässt. Wenn sie sich ledrig anfühlen und man sie biegen kann, ohne dass sie zerbrechen, kann man auch den Rest aus dem Backofen nehmen.

Getrocknete Früchte sind eine gute Alternative zu Süßigkeiten, denn sie enthalten kein Fett, dafür aber viele gesunde Inhaltsstoffe. Allerdings sind sie echte Kalorienbomben: 100 g getrocknete Apfelscheiben enthalten zum Beispiel 278 kcal, das entspricht einem kleinen Mittagessen. Doch für aktive Menschen und Leute mit wenig Zeit sind sie ideal, denn in ihnen steckt fast die ganze Nährstoffpower des frischen Obstes. Das enthaltene Vitamin C geht zwar beim Trocknen verloren, Mineralstoffe und sekundären Pflanzenstoffe sind jedoch höher konzentriert enthalten als in frischem Obst. Außerdem enthalten sie auch jede Menge Ballaststoffe, die halten lange satt und kurbeln die Verdauung an. Zudem enthalten Trockenfrüchte viel Magnesium, und das beugt zum Beispiel Wadenkrämpfen vor.

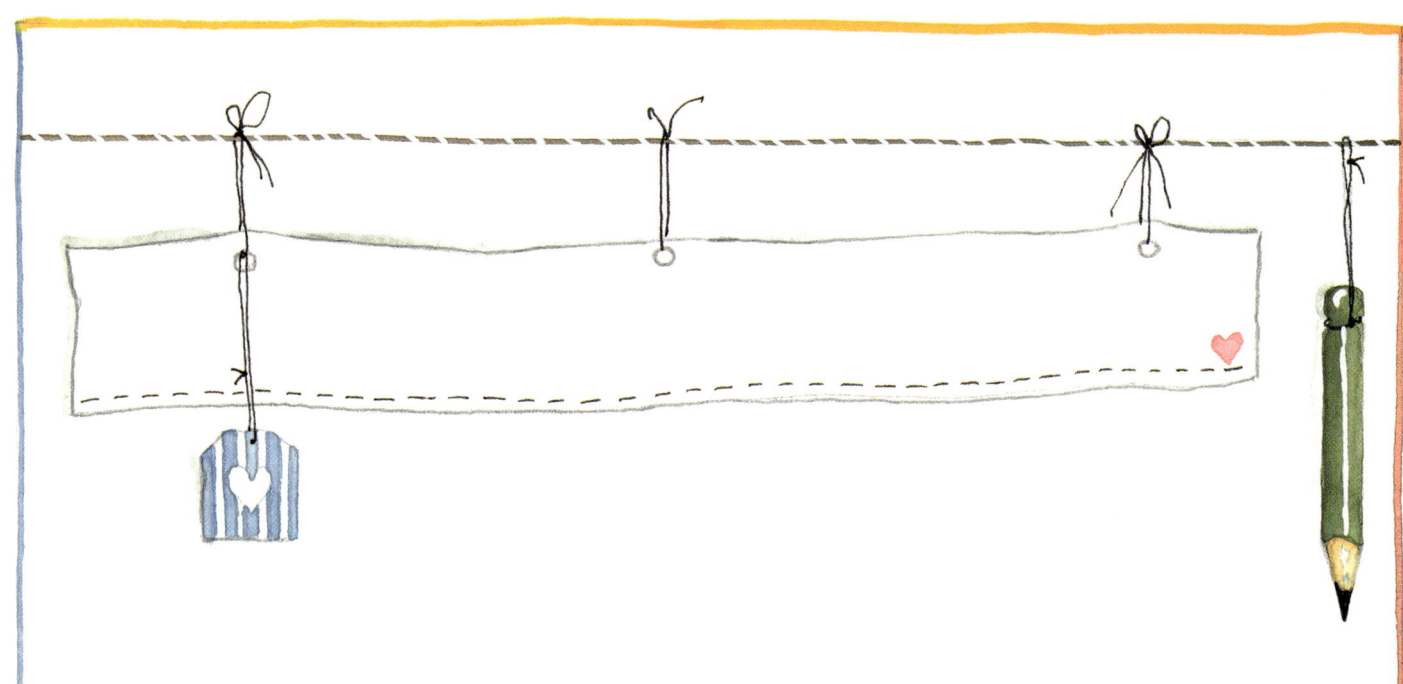

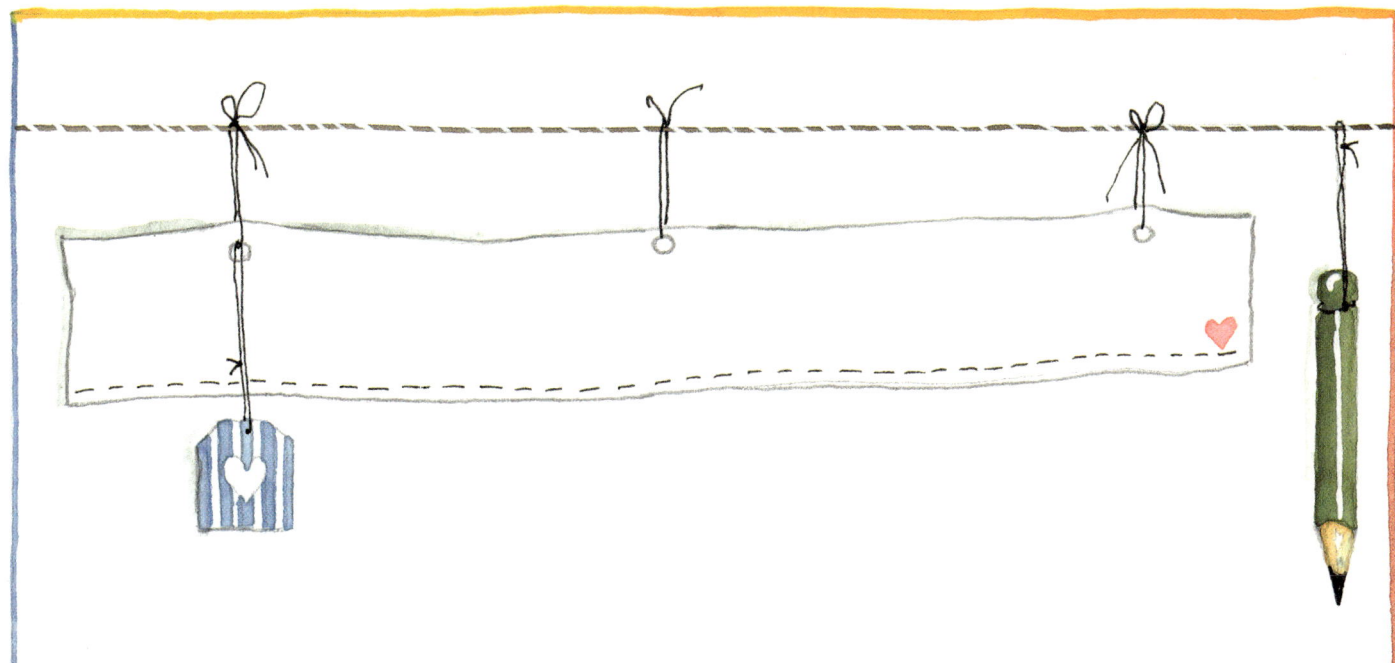

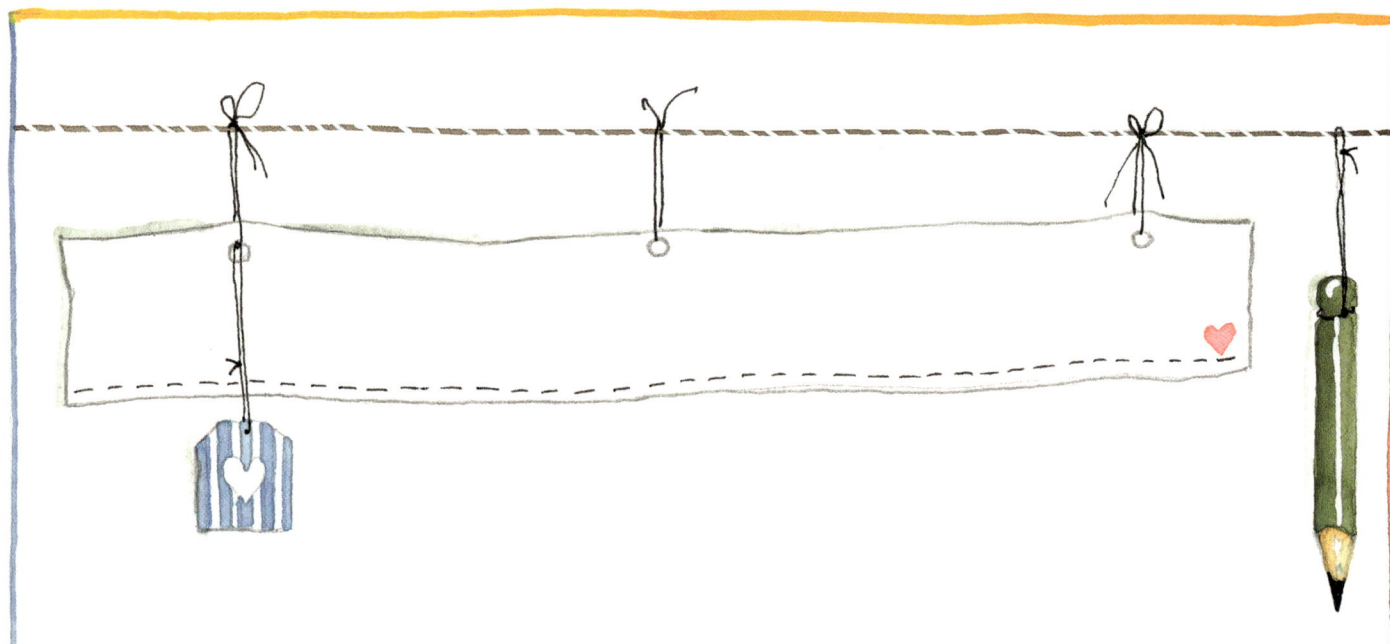

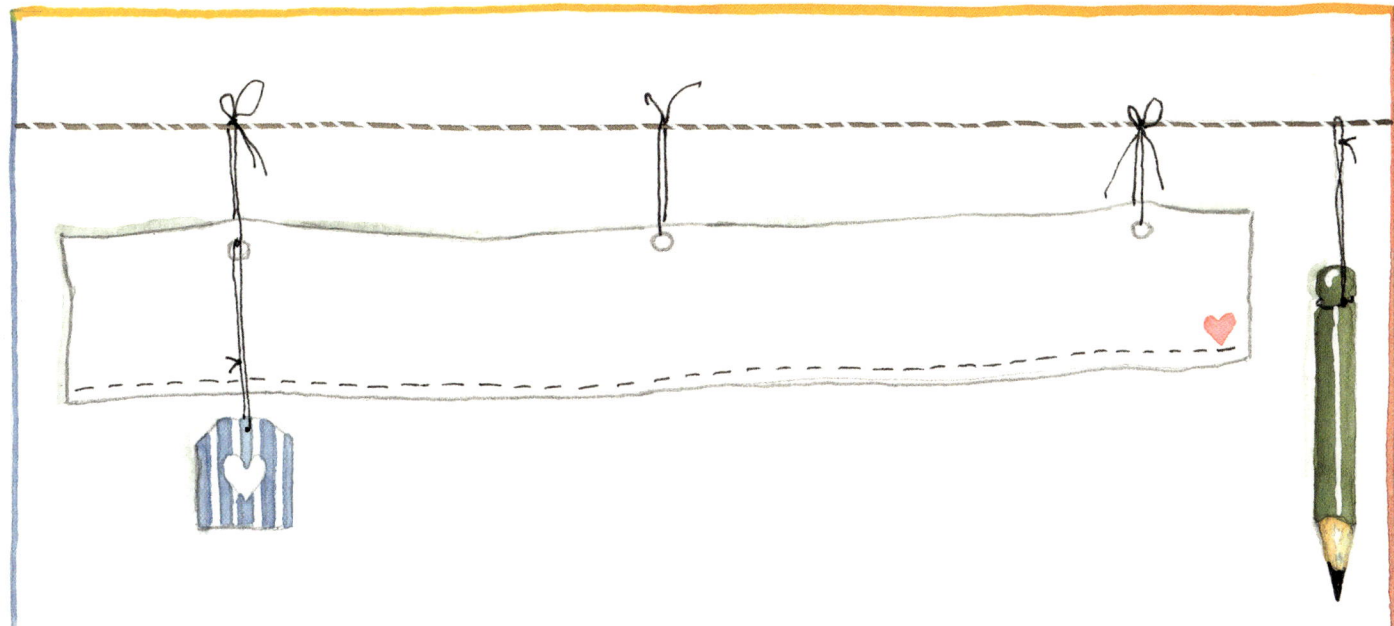

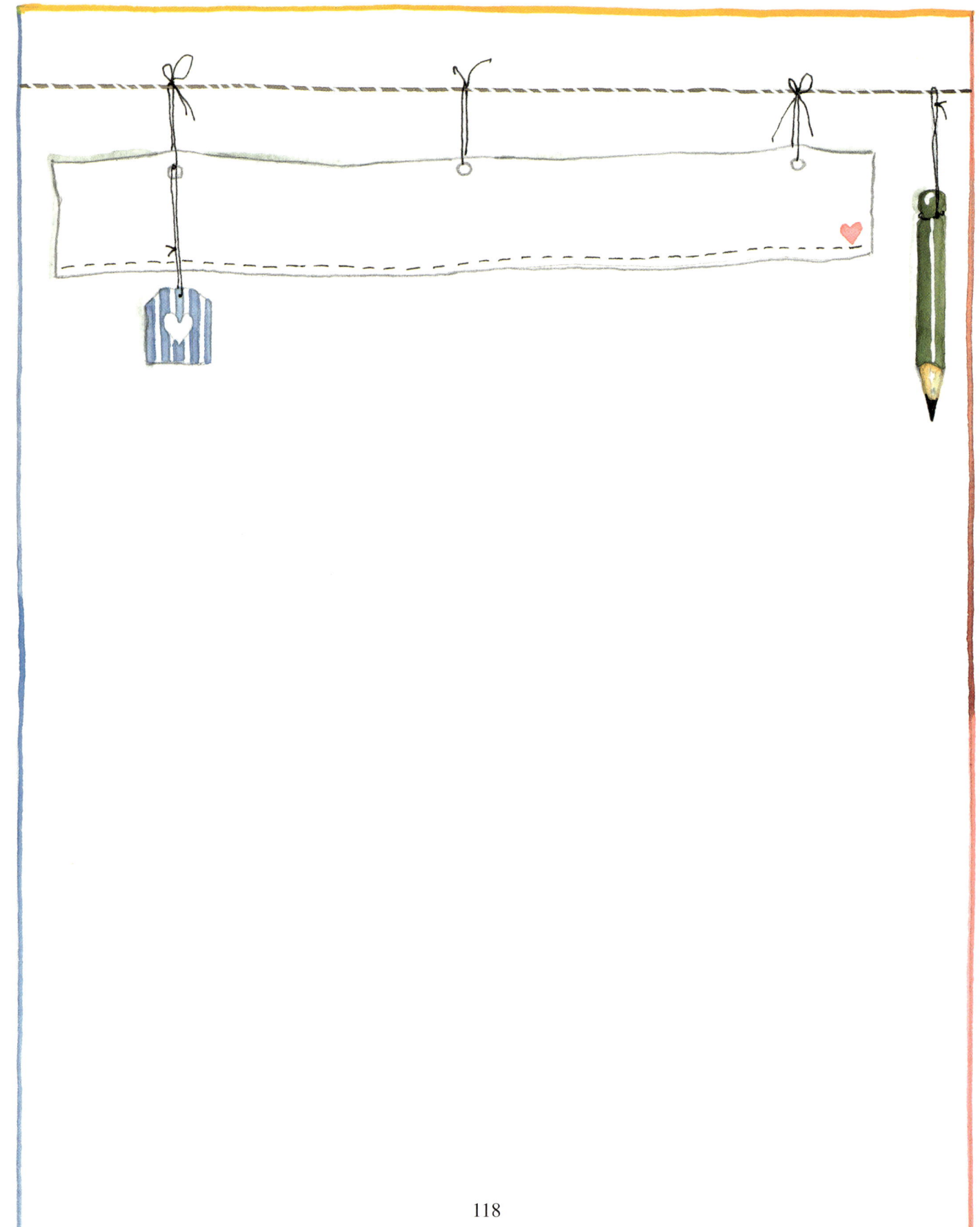

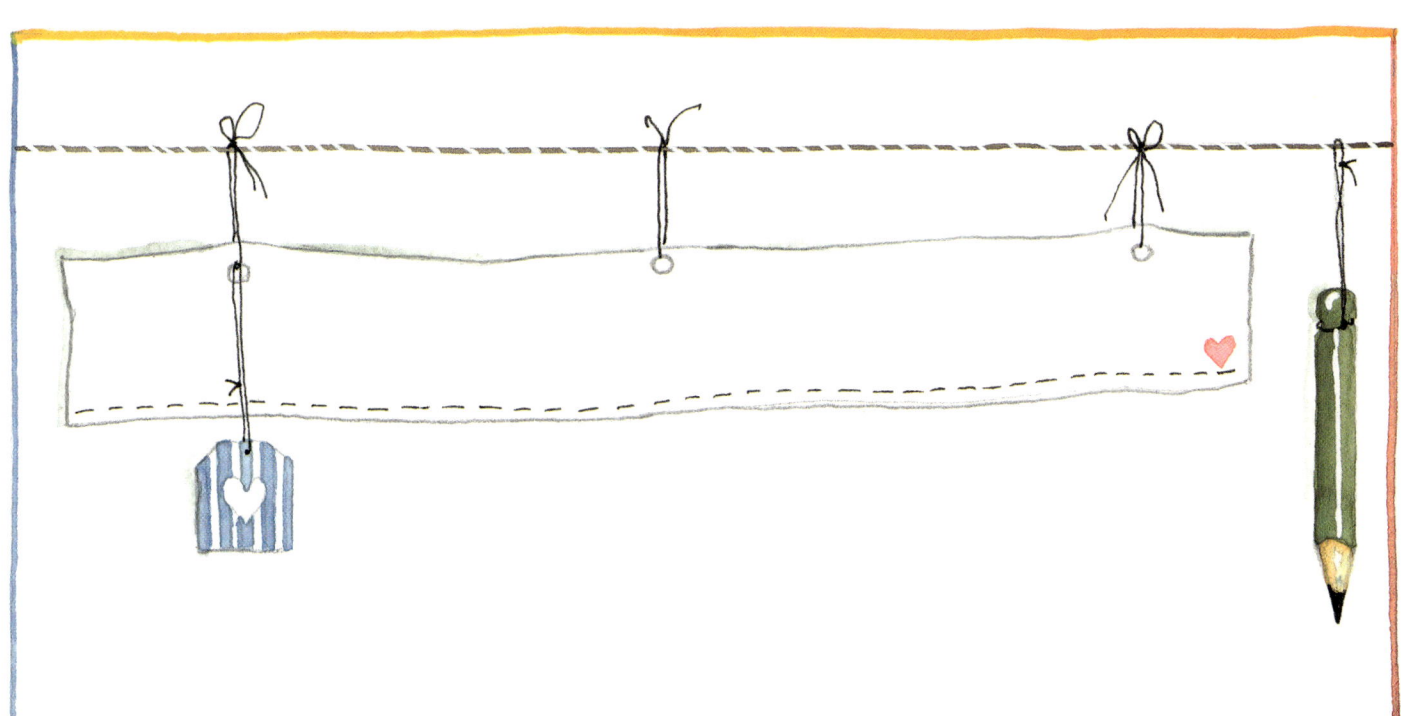

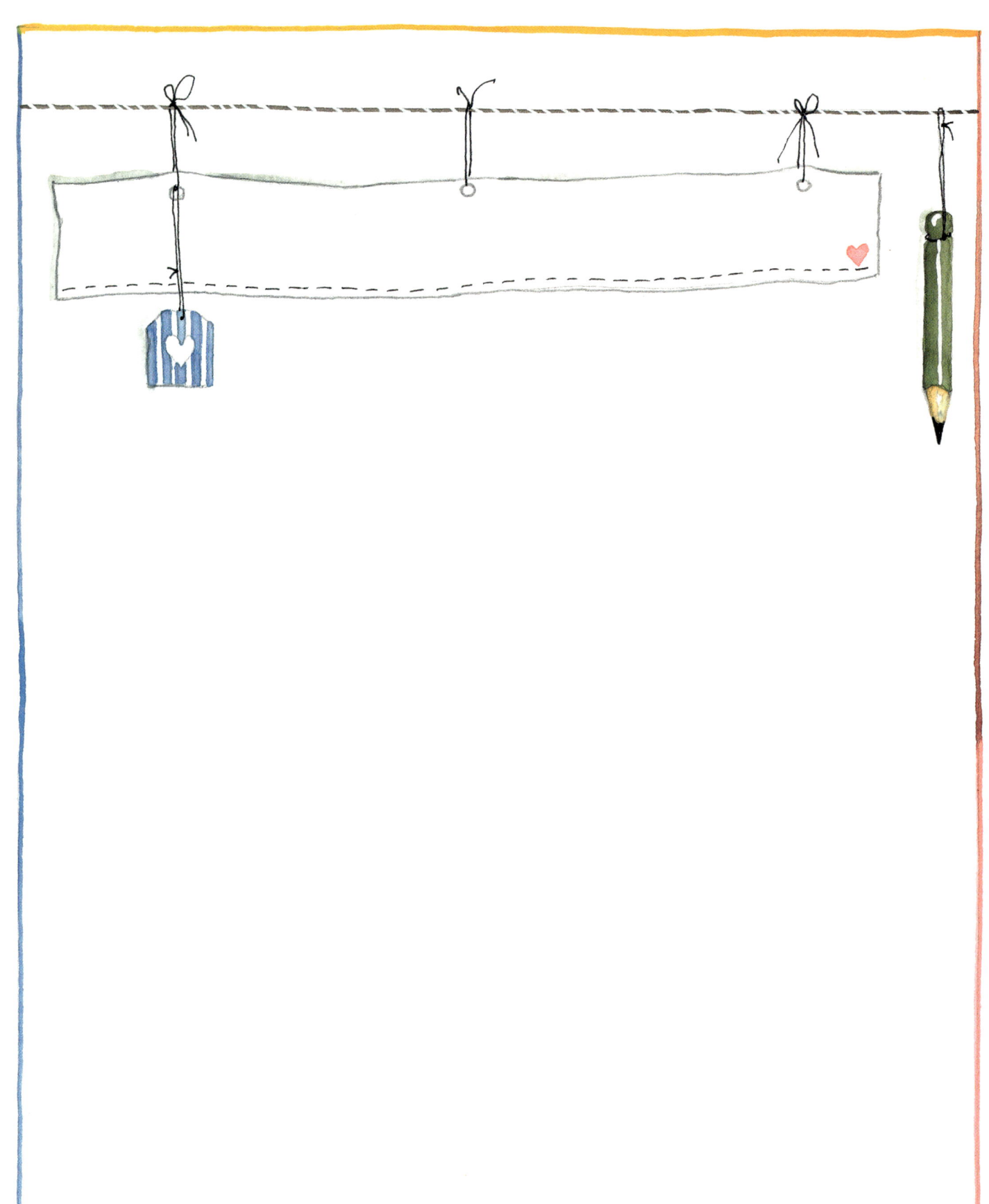

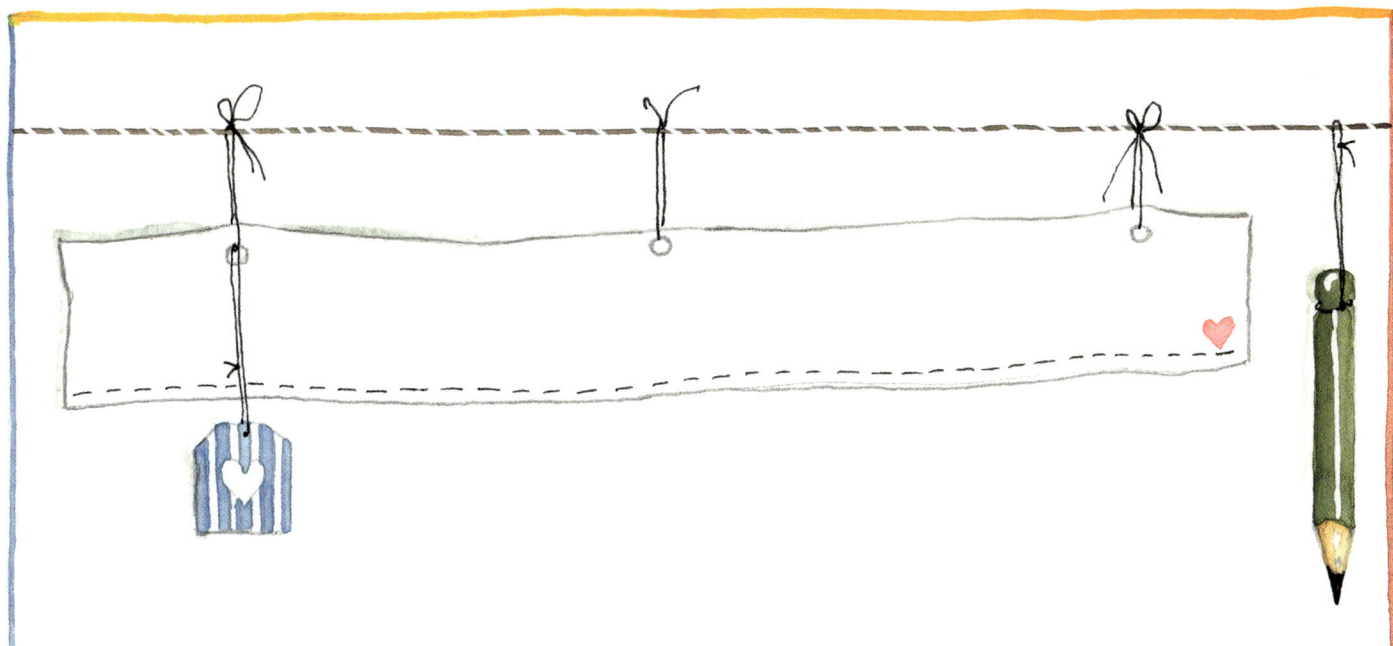

Alphabetisches Rezeptverzeichnis

Apfel in Calvados 81
Äpfel trocknen 86
Apfelbutter 83
Apfelgelee 79
Apfelkompott 82
Apfellikör 80
Apfelschmalz 87
Aprikosenkonfekt 97

Birnenmus 73
Brombeerkompott 40

Camparisorbet 93
Cumberlandsauce 41

Datteln mit Marzipan 98

Erdbeergelee mit Holunderblüten 20
Erdbeer-Joghurt-Eis 21

Feiner Likör aus
  Erdbeeren 18
Frische Konfitüre aus Erdbeeren 17
Früchtekonfekt 96
Fruchtmark aus Erdbeeren 19

Geleekonfekt 95
Gewürzbirnen 72

Gewürzkirschen 51
Grüne Walnüsse 58

Hagebuttenmus 102
Hagebuttensaft 103
Heidelbeerkonfitüre 45
Heidelbeerlikör 44
Himbeeressig 38
Himbeersirup 36
Holunderbeeren in Apfelsaft 77
Holunderblütensekt 22
Holunderblütensirup 23

Ingwerwürfel 100

Kastanien trocken und süß 62
Kirschlikör 49
Kompott aus süßen
  Kirschen 50
Kräuterbutter 32
Kräutertee 27
Krokant 101
Kürbiskonfitüre 70
Kürbissenf 69

Löwenzahnlikör 25

Möhrenkonfitüre 76

Nuss-Essenz 57

Orangen-Kumquat-Chutney 89
Orangenkürbis 67
Orangenmarmelade 88
Orangensauce 91

Pflaumen in Weißwein 56
Pflaumenmus 54
Pikante Holunderbeeren 78
Püree für Pesto und Grüne Sauce 30

Quittenkonfitüre 74

Reneklodenkonfitüre 53
Rhabarbergelee mit Orangen 14
Rhabarberkompott mit Erdbeeren 16
Rhabarbersaft im Glas 12
Rhabarbersauce 13
Rosensirup 48
Rote Grütze 47
Rote-Bete-Salat 63

Roter Stachelbeersaft 42
Rotes Gelee aus Orangen 90
Russische Warenje 37

Schlehenfeuer 105
Schlehenmarmelade 104
Spargelaperitif 28
Stachelbeerkonfitüre mit
 Aprikosen 43
Suppenspargel und Spargelpüree 29

Tee- und Grog-Essenz 94
Tomaten im eigenen Saft 64
Tomatenketchup 65
Varianten von Kräutersaucen 31
Variationen von gewürzter Butter 33
Veilchenkonfitüre 24

Walnusslikör 59

Zucchinimarmelade 66
Zwetschgen für Kuchen 71

Das für diesen Titel verwendete FSC-zertifizierte Papier *FocusArt Cream* wurde produziert von Cartiere del Garda, Riva del Garda.

ISBN 978-3-8094-8025-9

© 2010 by Bassermann Verlag, einem Unternehmen der Verlagsgruppe Random House GmbH, 81673 München

Die Verwertung der Texte und Bilder, auch auszugsweise, ist ohne Zustimmung des Verlags urheberrechtswidrig und strafbar. Dies gilt auch für Vervielfältigungen, Übersetzungen, Mikroverfilmung und für die Verarbeitung mit elektronischen Systemen.

Umschlaggestaltung: Reglindis Rohringer
Buchgestaltung und Illustrationen: Reglindis Rohringer
Redaktion: Anja Halveland

Die Ratschläge in diesem Buch sind von der Autorin und vom Verlag sorgfältig erwogen und geprüft, dennoch kann eine Garantie nicht übernommen werden. Eine Haftung der Autorin bzw. des Verlags und seiner Beauftragten für Personen-, Sach- und Vermögensschäden ist ausgeschlossen.

Satz: aSH agentur Sandra Haberkorn, Mundelsheim
Litho: Artilitho, Lavis (Trento)
Druck: Polygraf Print, Presov

Printed in Slovakia

Das persönliche Kochbuch

126 Seiten, durchgehend farbig illustriert, gebunden mit wattiertem Umschlag, Lese- und Bindebändchen, Einstecktasche
ISBN 978-3-8094-2572-4

Das Eintragbuch für Lieblingsrezepte, Notizen über Lieblingsspeisen von Freunden, traditionelle Familiengerichte, die besten Getränke, die schönsten Ideen für die Tischdekoration.
Ein Buch mit viel Platz zum Schreiben, zum Einkleben und einer Einstecktasche am Ende des Buches für die kleine „Zettelwirtschaft".

Überall erhältlich, wo es Bücher gibt!

www.bassermann-verlag.de